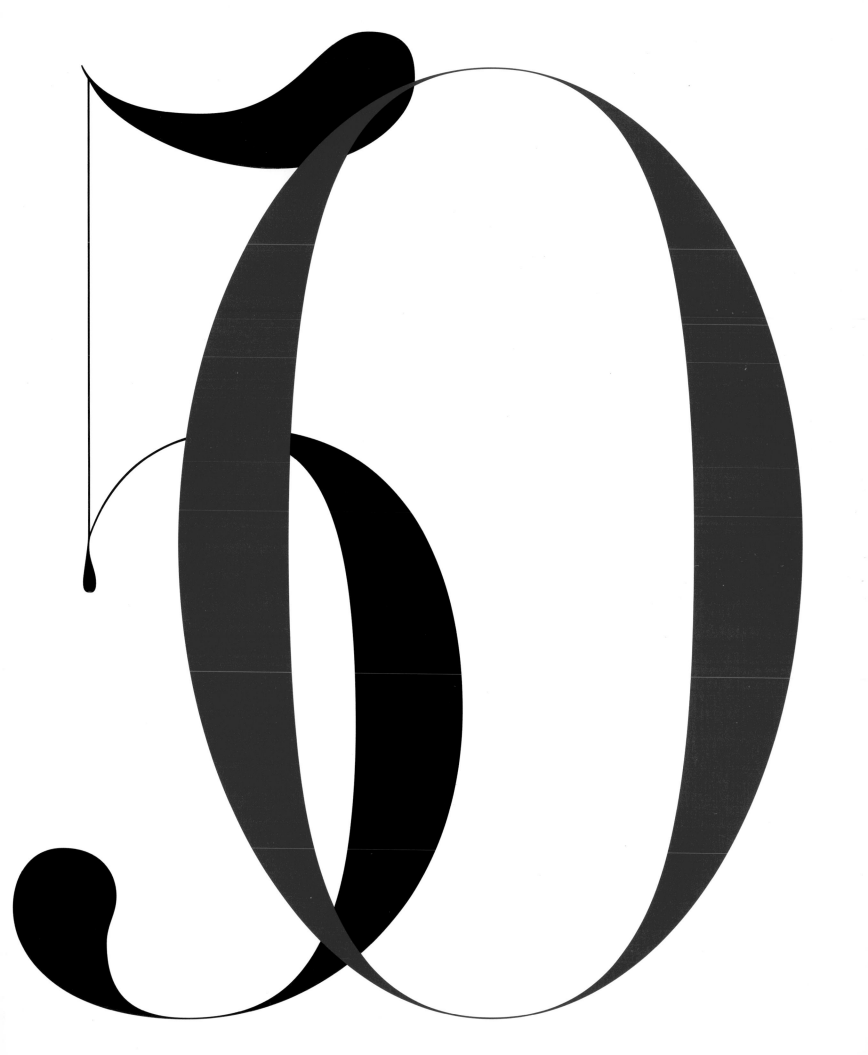

VISIONS

is made possible

by a generous gift from

Veronica and Randolph Hearst

and The Hearst Corporation

Hearst Books


L' impression de

VISIONS

a été rendue possible grâce à la générosité de

Veronica et Randolph Hearst

et de The Hearst Corporation

Hearst Books

# VISIONS

## FIFTY YEARS OF THE UNITED NATIONS

## CINQUANTE ANS DES NATIONS UNIES

PROJECT DIRECTOR: MRS. RANDOLPH HEARST

EDITOR: JAN RALPH
PRODUCED BY SMALLWOOD AND STEWART, INC.,
NEW YORK CITY
Book Design by Baron & Baron

HTF Didot typeface ©1992 The Hoefler Type
Foundry, Inc.
Translation services provided by Berlitz International,
Inc.—dedicated to *Helping the World Communicate*
Printing: Nuova Arti Grafiche Ricordi S.r.l., Milano-Italy

Library of Congress Cataloging-in-Publication Data

Visions: Fifty Years of the United Nations
                              p.   cm.
                    ISBN 0-688-14313-X
1. United Nations—History.   2. United Nations—
Pictorial works.
          JX1977.ZV53                1995
     341.23—dc20                 95-7891
                                        CIP

This edition distributed in the US by Hearst Books,
1350 Avenue of the Americas, New York, NY 10019;
distributed in all other territories by Hearst
International, 1350 Avenue of the Americas, New
York, NY 10019

First Edition
1 2 3 4 5 6 7 8 9 10

DIRECTRICE DU PROJET: MME. RANDOLPH HEARST

EDITEUR: JAN RALPH
PRODUIT PAR SMALLWOOD AND STEWART, INC.,
NEW YORK
Maquette par Baron & Baron

HTF Didot typeface ©1992 The Hoefler Type
Foundry, Inc.
Services de traduction fournis par Berlitz International,
Inc.—dédié à *aider le monde à communiquer.*
Impression: Nuova Arti Grafiche Ricordi S.r.l., Milan (Italie)

COPYRIGHT ©1995 FONDATION POUR LE
CINQANTIEME ANNIVERSAIRE DE
L'ORGANISATION DES NATIONS UNIES

Tous droits réservés. Aucune partie du présent
ouvrage ne peut être reproduite ni utilisée sous
aucune forme, ni par aucun moyen, électronique ni
mécanique, y inclus par photocopie, enregistrement,
ni par aucun système de stockage et de saisie de
l'information, sans la permission écrite de l'Editeur.
Les demandes à propos de la photographie sont à
adresser au Groupe de la photographie, Nations Unies,
New York, NY 10017.

Inscription au catalogue de la Bibliothèque du
Congrès

Visions: Fifty Years of the United Nations
p.   cm.
ISBN 0-688-14313-X
1. United Nations—History.   2. United Nations—
Pictorial works.
JX1977.ZV53            1995
341.23—dc20            95-7891
CIP

Cet ouvrage est distribué aux Etats-Unis par Hearst
Books, 1350 Avenue of the Americas, New York, NY
10019, E.-U.A., et dans tous les autres territoires par
Hearst International, 1350 Avenue of the Americas,
New York, NY 10019, E.-U.A

Première édition
1 2 3 4 5 6 7 8 9 10

# TABLE OF CONTENTS
## TABLE DES MATIERES

# INTRODUCTION

BOUTROS BOUTROS-GHALI Secretary General, United Nations
Secrétaire général de l'Organisation des Nations Unies

I warmly welcome the publication of VISIONS: FIFTY YEARS OF THE UNITED NATIONS.
This book marks the Fiftieth Anniversary of the United Nations. At a time when the international community is assessing the past and looking towards the future, this collection of photographs offers a valuable and gripping account of one of the greatest human adventures.
Half a century ago, the world embarked on an unprecedented endeavour. The aim was to create a forum in which nations could jointly work to "save succeeding generations from the scourge of war"; to secure "fundamental human rights"; to create a favourable environment for the international rule of law; and to promote social and economic development.
Over the subsequent fifty years, efforts to realize these great aspirations were frequently hampered by the bitter political rivalry of the Cold War. But even so, international cooperation through the United Nations led to historic accomplishments. It also transformed the way we understand the world, and how we view our own humanity.
This period saw the establishment of the first peace-keeping missions, in which soldiers were deployed not to win wars but to prevent them. An international consensus was forged on what constitutes inviolable human rights, and instruments were created to uphold these rights. A system of international law took shape, along with institutions that could support it. Some of the most terrible diseases have been significantly contained, and some of the worst poverty has been alleviated. Most importantly, the nations of the world came to accept the philosophy expressed in

J'accueille chaleureusement la publication de VISIONS: CINQUANTE ANS DES NATIONS UNIES.
Ce livre marque le cinquantième anniversaire de la fondation des Nations Unies. A un moment où la communauté internationale évalue le passé et tourne ses regards vers l'avenir, ce recueil de photographies présente une chronique émouvante et précieuse de l'une des grandes aventures de l'humanité.
Il y a un demi-siècle, le monde s'est lancé dans une entreprise sans précédent. Le but visé était d'instaurer un forum au sein duquel les nations pourraient oeuvrer de concert afin de «préserver les générations futures du fléau de la guerre», d'assurer «les droits fondamentaux de l'homme», de susciter un environnement favorable à la primauté du droit international, et de promouvoir le développement social et économique.
Au cours des cinquante années qui ont suivi, les efforts déployés pour réaliser ces grandes aspirations furent fréquemment entravés par les âpres rivalités politiques de la guerre froide. Et cependant, la coopération internationale s'exerçant au travers des Nations Unies a produit des accomplissements d'envergure historique. Elle a également transformé notre manière de percevoir le monde et de définir notre propre humanité.
Cette période fut le témoin de l'établissement des premières missions de maintien de la paix, au cours desquelles des forces armées sont déployées non pour gagner des guerres mais pour les empêcher. Un consensus international s'est dégagé sur ce qui constitue les droits humains inviolables et des instruments ont été élaborés pour faire respecter ces droits. Un régime de droit

7

the United Nations Charter—that it was possible, and necessary, to work together for the good of all. An extraordinary photographic record of this process was created over the years by the United Nations' courageous and dedicated international staff of contract and free-lance photographers. VISIONS brings together many of the finest elements of this record in a collection of photographs that is both fascinating and illuminating.

Many volumes have been written about the United Nations and its significance over the past half-century. But some truths can only be grasped visually. Often an image—a battered pair of shoes, an abandoned street or a lonely outpost in the mountains—can convey the emotional meaning of a moment in a way that words cannot. Similarly, these photographs bridge the gap between the lofty aspirations and the human reality of the last fifty years, and offer an immediately accessible chronicle of the United Nations' achievements.

This photographic collection also clearly shows the source of the United Nations' strength: commitment to the future by the people who serve it, often in conditions of great hardship, and by the Member States that brought it into being. Today, as we celebrate the Fiftieth Anniversary of the United Nations, we are looking for ways to deal with the challenges of the post-Cold War world. Many threats to human welfare, such as environmental degradation, natural disasters and international crime, have assumed new global dimensions. At the same time, international security is increasingly at risk as a result of conflicts within States—especially the inter-ethnic

international a pris forme, doté d'institutions capables de le soutenir. Certaines des maladies les plus terribles ont été largement maîtrisées et la pauvreté la plus extrême a été, dans une certaine mesure, atténuée. Chose plus importante, les nations du monde ont accepté le principe, exprimé dans la Charte des Nations Unies, de la possibilité et de la nécessité de la coopération pour le bien de tous.

Une extraordinaire chronique photographique de ce processus a été rassemblée au fil des ans, grâce au courage et au dévouement du personnel international des photographes contractuels et indépendants des Nations Unies. VISIONS présente les hauts faits et les tournants de l'histoire de l'Organisation en une collection d'images aussi fascinantes que révélatrices.

Nombre d'ouvrages ont été rédigés pour décrire les Nations Unies et analyser leur signification au cours du demi-siècle écoulé. Mais certaines vérités ne s'appréhendent que visuellement. L'image — une paire de chaussures éculées, une rue abandonnée ou un poste isolé dans les montagnes — rend souvent l'émotion du moment dans un registre auquel les mots ne sauraient accéder. Par ailleurs, ces photographies jettent une passerelle entre les nobles aspirations et les réalités humaines des cinquante dernières années et présentent un tableau immédiatement accessible des accomplissements des Nations Unies.

Ces annales photographiques révèlent aussi clairement la source de la force des Nations Unies: leur engagement pour le futur des populations qui la servent, souvent dans des conditions d'extrêmes difficultés, et par les Etats Membres qui en ont

rivalries that lead to terrible violence and bloodshed.

Political, technological and economic changes mean that there are greater opportunities for international cooperation than ever before. But clearly, the need for such cooperation has never been greater.

In these pages, we can see suffering that must never be repeated. We can see achievements that are a source of pride. We can see what we owe to earlier generations, and we can seek inspiration for generations to come.

To prepare for the future, we must build upon the past. As Secretary-General of the United Nations, I am most pleased to see this new effort to enhance understanding of the institution that I serve. These images can give us a deeper recognition of what we have done, and what we must do.

Boutros Boutros-Ghali
Secretary-General of the United Nations
Le Secrétaire générale des Nations Unies

amené la création.

Aujourd'hui, alors que nous célébrons le cinquantième anniversaire de la création des Nations Unies, nous recherchons les moyens de relever les défis de l'après-guerre froide. De multiples menaces qui pèsent sur le bien-être de l'humanité, telles que la détérioration de l'environnement, les catastrophes naturelles et les crimes internationaux, ont pris une nouvelle ampleur. Parallèlement, les conflits entre Etats, en particulier les rivalités ethniques avec les violences extrêmes et les conflits sanglants sur lesquels elles débouchent, remettent de plus en plus gravement en cause la sécurité internationale. L'évolution de la conjoncture politique, technologique et économique offre des possibilités de coopération internationale plus importante que par le passé. Mais jamais non plus, cela est clair, le besoin d'une telle coopération n'a-t-il été plus grand. Nous voyons, dans les pages qui suivent, des exemples de souffrances qui ne doivent jamais être répétées et de réalisations, sources de légitime fierté. Nous y trouvons également l'apport des générations qui nous ont précédés et pouvons y puiser une inspiration pour les générations à venir. La préparation de l'avenir exige que nous bâtissions sur le passé. En tant que Secrétaire général de l'Organisation des Nations Unies, je salue avec grande satisfaction ce nouvel effort qui vise à améliorer la compréhension de l'institution que je sers. Ces images nous permettent d'appréhender plus clairement ce que nous avons fait et ce qu'il nous reste à faire.

## 1945

**4-11 February**
At a conference held in Yalta in the Crimea, the Soviet Union, UK and US agree on Security Council voting formula.

**4-11 février**
A la conférence de Yalta (Crimée), l'Union soviétique, le Royaume-Uni et les Etats-Unis conviennent de la formule du vote adoptée pour le Conseil de sécurité.

**25 April–26 June**
50 nations draft and sign UN Charter at UN Conference on International Organization in San Francisco.

**25 avril-26 juin**
Cinquante nations rédigent et signent la Charte des Nations Unies à la Conférence des Nations Unies sur l'Organisation internationale qui a lieu à San Francisco.

Saudi Arabia signing UN Charter, 194

Prime Minister Winston Churchill, President Franklin D. Roosevelt and Premier Joseph Stalin at Yalta, 5 February 1945
Le Premier Ministre Winston Churchill, le Président Franklin D. Roosevelt et le Généralissime Joseph Staline à Yalta, le 5 février 1945

L'Arabie saoudite signe la Charte des Nations Unies, 1945

Atomic bomb, Hiroshima, 6 August 1945
Bombe atomique sur Hiroshima, le 6 août 1945

**8 May**
Second World War ends in Europe.

**8 mai**
La Deuxième Guerre mondiale prend fin en Europe.

**6 August**
US drops atomic bomb on Hiroshima.

**6 août**
Les Etats-Unis lancent la bombe atomique sur Hiroshima.

**14 August**
Second World War ends in Japan.

**14 août**
La Deuxième Guerre mondiale prend fin au Japon.

**16 October**
Food and Agriculture Organization of the United Nations (FAO) established.

FAO's goals include raising nutrition levels and living standards, especially of rural populations, and improving the production and distribution of food and agricultural products.

**16 octobre**
Etablissement de l'Organisation des Nations Unies pour l'alimentation et l'agriculture (FAO). Au nombre des objectifs de la FAO figurent le relèvement des normes nutritionnelles et du niveau de vie, en particulier pour les populations rurales, et l'amélioration de la production et de la distribution des denrées alimentaires et des produits agricoles.

**24 October**
UN Charter enters into force.

**24 octobre**
La Charte des Nations Unies entre en vigueur.

**27 December**
World Bank/International Bank for Reconstruction and Development (IBRD) and International Monetary Fund (IMF) established. IBRD makes loans for economic development and facilitates international investment. IMF promotes international monetary cooperation and currency stabilization, drawing on the resources of over 100 countries.

**27 décembre**
Etablissement de la Banque mondiale/Banque internationale pour la reconstruction et le développement (BIRD) et du Fonds monétaire international (FMI). La BIRD octroie des prêts pour le développement économique et facilite les investissements internationaux. Le FMI promeut la coopération monétaire internationale et la stabilisation des devises, en puisant aux ressources de plus de 100 pays.

1st General Assembly, London, 1946
Première Assemblée générale à Londres, 1946

Trygve Lie, UN Secretary-
General (1946-53),
addressing 1st General
Assembly, 1946
Trygve Lie, Secrétaire
général des Nations Unies
(1946-1953), s'adresse à
la première Assemblée
générale en 1946

## 1946

**10 January-14 February**
General Assembly and
Security Council convene
for the first time in
London.

**10 janvier-14 février**
L'Assemblée générale et le
Conseil de sécurité se réunissent pour la première
fois à Londres.

**24 January**
UN Atomic Energy
Commission established to
promote peaceful uses of
atomic energy.

**24 janvier**
La Commission de l'énergie
atomique des Nations Unies
est établie pour promouvoir
l'utilisation de l'énergie
atomique à des fins paci-
fiques.

**1 February**
Trygve Lie (Norway) appointed first UN Secretary-General
for a 5-year term.

**1er février**
Trygve Lie (Norvège)
nommé premier Secrétaire
général des Nations Unies
pour un mandat de 5 ans.

**21 March**
Temporary UN headquar-
ters established at Hunter
College, Bronx, New York.

**21 mars**
Le Siège provisoire de
l'Organisation des Nations
Unies est établi à Hunter
College, dans le Bronx, à
New York.

**16-19 August**
UN temporary headquarters
moved to Lake Success,
New York.

**16-19 août**
Transfert du Siège provi-
soire de l'Organisation des
Nations Unies à Lake
Success, New York.

**4 November**
UN Educational, Scientific
and Cultural Organization
(UNESCO) established.
UNESCO's goals include
eliminating illiteracy,
advancing the dissemina-
tion of scientific knowledge
and fostering international
understanding through the
exchange of education,
science and culture.

**4 novembre**
Fondation de l'Organisation
des Nations Unies pour l'é-
ducation, la science et la
culture (UNESCO). Les
objectifs de l'UNESCO sont
l'élimination de l'anal-
phabétisme, l'avancement
de la diffusion des connaissances scientifiques et l'en-
couragement de la com-
préhension internationale
par les échanges éducatifs,
scientifiques et culturels.

**11 December**
UN International Children's
Emergency Fund (UNICEF)
established to help improve
the quality of life of children. Voluntarily financed,
UNICEF (now the UN
Children's Fund) provides
low-cost, community-based
services in maternal and
child health, nutrition, sanitation and education, as
well as emergency relief.

**11 décembre**
Le Fonds international de
secours à l'enfance des
Nations Unies
(FISE/UNICEF) est établi
pour aider à améliorer la
qualité de vie des enfants.
Financé par des contribu-
tions volontaires, l'UNICEF
(aujourd'hui Fonds des
Nations Unies pour l'en-
fance) fournit des services
économiques, basés dans

les collectivités, dans les domaines de la santé maternelle et de l'enfant, de la nutrition, de l'hygiène et de l'éducation, ainsi que des secours d'urgence.

14 December
General Assembly recommends that South West Africa become part of the Trusteeship System; rejects its incorporation by the Union of South Africa.

14 décembre
L'Assemblée générale recommande que le Sud-Ouest africain fasse partie du Régime de tutelle; elle rejette son incorporation dans l'Union sud-africaine.

International Labour Organization (ILO) becomes first UN specialized agency. Established in 1919, ILO brings together representatives of government, labour and management to improve working conditions through international conventions, increase labour productivity and seek economic and social stability.

L'Organisation internationale du Travail (OIT) devient la première institution spécialisée des Nations Unies. Etablie en 1919, l'OIT réunit des représentants des gouvernements et des organisations ouvrières et patronales pour améliorer les conditions de travail par des conventions internationales, accroître le rendement de la main-d'oeuvre et rechercher la stabilité économique et sociale.

New York City selected as permanent UN headquarters by General Assembly,

which also accepts a $8.5 million gift from John D. Rockefeller, Jr. for the Secretariat Buildings.

La ville de New York est sélectionnée pour le Siège permanent des Nations Unies par l'Assemblée générale qui accepte également un don de 8,5 millions de dollars de John D. Rockefeller, Jr. pour les bâtiments du Secrétariat.

15 December
General Assembly approves Constitution of International Refugee Organization (IRO). United Nations Relief and Rehabilitation Agency (UNRRA)'s successor, the IRO assumed responsibility for the protection and resettlement of refugees and displaced persons.

15 décembre
L'Assemblée générale approuve la Constitution de l'Organisation internationale pour les réfugiés (OIR). Succédant à l'Administration des Nations Unies pour les secours et la reconstruction (UNRRA), l'OIR assume les responsabilités de la protection et de la réinstallation des réfugiés et des personnes déplacées.

UN Secretary-General Trygve Lie accepting donation from John D. Rockefeller, Jr.
Le Secrétaire général des Nations Unies Trygve Lie accepte le don de John D. Rockefeller, Jr.

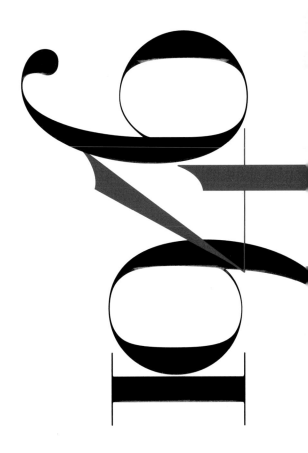

1947

**4 April**
International Civil Aviation Organization (ICAO) established to promote safer, easier air travel through safety measures, uniform operating regulations and simpler customs, immigration and public health procedures at international airports.

**4 avril**
L'Organisation de l'aviation civile internationale (OACI) est établie pour promouvoir des transports aériens sûrs et faciles à l'aide de mesures de sécurité, de règlements opérationnels uniformes et de procédures simplifiées pour les formalités de douane, d'immigration et de santé publique dans les aéroports internationaux.

**28 April-15 May**
1st special session of General Assembly held on question of Palestine, a territory administered by the UK since 1922.

**28 avril-15 mai**
Première session spéciale de l'Assemblée générale sur la question de la Palestine, territoire administré par le Royaume-Uni depuis 1922.

**15 May**
General Assembly establishes UN Special Committee on Palestine (UNSCOP) to consider conflicting claims to Palestine and to recommend solutions.

**15 mai**
L'Assemblée générale instaure la Commission spéciale des Nations Unies pour la Palestine (UNSCOP) chargée d'examiner les revendications contradictoires concernant ce territoire et de recommander des solutions.

**31 October**
General Assembly designates 24 October, anniversary of entry into force of the UN Charter, as "United Nations Day"

**31 octobre**
L'Assemblée générale désigne le 24 octobre, jour anniversaire de l'entrée en vigueur de la Charte des Nations Unies, comme «Journée des Nations Unies».

**15 November**
International Telecommunication Union (ITU) becomes UN specialized agency. Founded in 1865 as the International Telegraph Union, ITU facilitates cooperation in international telecommunication, including allocating and registering frequencies for radio and television stations world-wide.

**15 novembre**
L'Union internationale des télécommunications (UIT) devient une institution spécialisée des Nations Unies. Fondée en 1865 sous la dénomination d'Union télégraphique internationale, l'UIT facilite la coopération dans les télécommunications internationales, y compris l'attribution et l'enregistrement des fréquences des stations de radio et de télévision dans le monde entier.

**29 November**
Palestine partition plan approved by General Assembly, providing for an Arab and a Jewish State, with special international status for Jerusalem.

**29 novembre**
Approbation par l'Assemblée générale du plan de partage de la Palestine prévoyant un Etat arabe et un Etat juif, avec un statut international spécial pour Jérusalem.

Frieda Dalen (Norway), first female delegate to address the General Assembly
Frieda Dalen (Norvège), première femme à prendre la parole à l'Assemblée générale au titre de représentante

UN Secretary-General Trygve Lie and members of the Headquarters Advisory Committee
Le Secrétaire général des Nations Unies Trygve Lie et les membres du Comité consultatif du Siège

UNMOGIP observers on India-Pakistan border, 1948
Les observateurs de l'UNMOGIP aux frontières de
l'Inde et du Pakistan, 1948

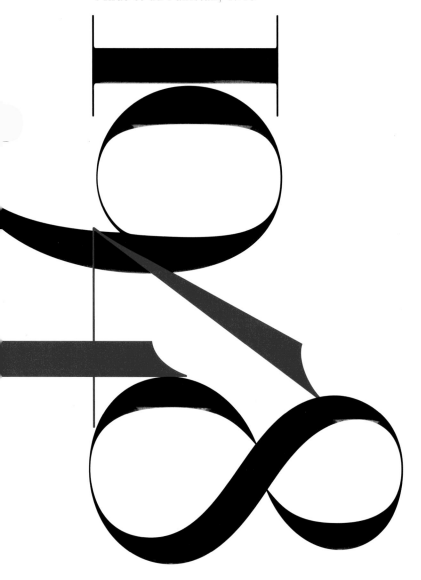

## 1948

**1 January**
General Agreement on
Tariffs and Trade (GATT)
established. GATT lays
down rules for international
trade and promotes the
reduction of trade barriers.
It would become the World
Trade Organization (WTO)
in January 1995.

**1er janvier**
Entrée en vigueur de
l'Accord général sur les
tarifs douaniers et le commerce (GATT). Le GATT
établit des directives pour
le commerce international
et promeut la réduction des
barrières douanières. Il est
devenu l'Organisation mondiale du commerce (OMC)
en janvier 1995.

**20 January**
UN Military Observer
Group in India and
Pakistan (UNMOGIP)
established to help resolve
conflict over Kashmir.

**20 janvier**
Création du Groupe d'ob-
servateurs militaires des
Nations Unies dans l'Inde et
le Pakistan (UNMOGIP)
pour tenter de résoudre la
question du Cachemire.

**7 April**
World Health Organization
(WHO) established. WHO's
objective is the attainment
of the highest possible level
of health world-wide. WHO
provides technical expertise
and emergency medical
supplies to many countries
affected by natural or man-
made disasters. WHO helps
mobilize international
assistance and support for
disease control and prevention measures.

**7 avril**
Fondation de l'Organisation
mondiale de la santé
(OMS). L'objectif de l'OMS
est d'atteindre les plus
hauts niveaux de santé dans
le monde entier. L'OMS dispense une assistance technique et envoie des fourni-
tures médicales d'urgence
dans de nombreux pays
touchés par les catastrophes
naturelles ou causées par
l'homme. Elle contribue à
mobiliser l'aide au niveau
international pour la lutte
contre les maladies et pour
la prévention.

**16 April**
Security Council calls for
cessation of hostilities
erupting in Palestine as a
result of partition plan.

**16 avril**
Le Conseil de sécurité
demande la cessation des
hostilités qui ont éclaté en
Palestine du fait du plan de
partage.

**10 May**
Nation-wide free elections
in South Korea observed by
UN Temporary Commission
on Korea. But the elections
are unsuccessful and separate governments arise in
the south and north.

**10 mai**
Elections libres en Corée du
Sud, observées par la
Commission temporaire des
Nations Unies pour la
Corée. Les élections ne per-
mettent pas d'unir la Corée
et des gouvernements dis-
tincts se forment dans le
sud et le nord du pays.

**14 May**
UK relinquishes its mandate over Palestine and the State of Israel is proclaimed.

**14 mai**
Le Royaume-Uni renonce à son mandat sur la Palestine et l'indépendance d'Israël est déclarée.

**15 May**
Palestinian Arabs, assisted by Arab States, attack the new State of Israel; Egyptian troops enter Palestine.

**15 mai**
Les Arabes palestiniens, appuyés par les Etats arabes, attaquent le nouvel Etat israélien. Les troupes égyptiennes entrent en Palestine.

**1 July**
Universal Postal Union (UPU) becomes a UN spe-cialized agency. Established in 1874, UPU's main goal is to form a single postal territory of all countries for the reciprocal exchange of letter-post items.

**1 juillet**
L'Union postale universelle (UPU) devient institution spécialisée des Nations Unies. Fondée en 1874, l'UPU a pour principal objectif la formation d'un territoire postal unique réu-nissant toutes les nations, aux fins des échanges réciproques du courrier postal.

**17 September**
Count Folke Bernadotte, the UN Mediator for Palestine, assassinated in Jerusalem.

**17 septembre**
Le comte Folke Bernadotte, médiateur des Nations Unies pour la Palestine, est assassiné à Jérusalem.

**10 December**
General Assembly adopts Universal Declaration of Human Rights.

**10 décembre**
L'Assemblée générale adopte la Déclaration uni-verselle des droits de l'homme.

**12 December**
General Assembly estab-lishes UN Commission on Korea to monitor tensions between north and south

**12 décembre**
L'Assemblée générale établit la Commission des Nations Unies pour la Corée pour surveiller les tensions entre le nord et le sud.

Count Folke Bernadotte, left, UN Mediator for Palestine, confers with Col. Wendell McCoy (US) senior UN military observer
Le Comte Folke Bernadotte, à gauche, médiateur des Nations Unies pour la Palestine, s'entre-tient avec le Colonel Wendell McCoy des Etats-Unis, observa-teur militaire principal de l'ONU

Korean elections observed by the UN, 10 May 1948
Les Nations Unies observent les élections coréennes du 10 mai 1948

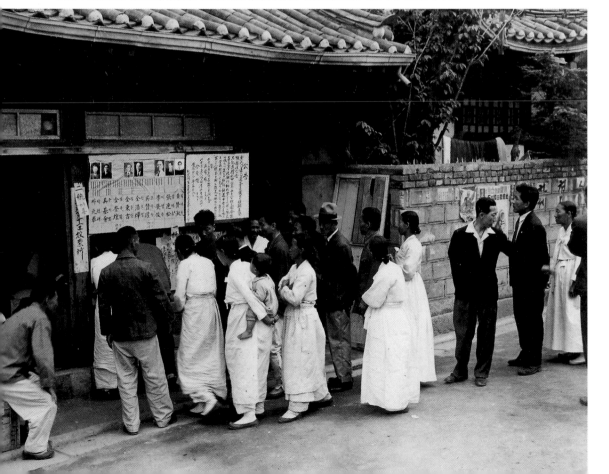

1949

1 January
Cease-fire in Kashmir ordered by India and Pakistan.

1er janvier
Cessez-le-feu déclaré au Cachemire par l'Inde et le Pakistan.

24 February
Egypt-Israel Armistice Agreements signed by Egypt, Israel, Jordan, Lebanon and Syria are the basis of an uneasy truce in the area.

24 février
Les accords d'armistice égypto-israéliens signés par l'Egypte, Israël, la Jordanie, le Liban et la Syrie marquent le début d'une trève difficile dans la région.

11 May
Israel admitted as 59th UN Member.

11 mai
Admission d'Israël en tant que 59e Etat Membre des Nations Unies.

12 May
USSR blockade of communications, transportation and trade between Berlin and West lifted as a result of Security Council consultations between France, USSR, UK and US.

12 mai
Le blocus des communications, des transports et des échanges commerciaux entre Berlin et l'Ouest imposé par l'URSS est levé à la suite des consultations du Conseil de sécurité entre la France, l'URSS, le Royaume-Uni et les Etats-Unis.

3 December
Office of the UN High Commissioner for Refugees (UNHCR) established. Voluntarily financed, it has ensured that more than 23 million refugees world-wide received asylum and favorable legal status in their asylum countries.

3 décembre
Etablissement du Haut Commissariat des Nations Unies pour les réfugiés (HCR). Financé par des contributions volontaires, le HCR a permis à plus de 23 millions de réfugiés de recevoir asile dans divers pays du monde entier et de se voir accorder un statut juridique favorable dans leur pays d'accueil.

8 December
United Nations Relief and Works Agency for Palestine Refugees in the Near East (UNRWA) established. Voluntarily financed, mainly from Governments, UNRWA provides education, training, health and relief services to some 2.4 million Arab refugees.

8 décembre
Etablissement de l'Office de secours et de travaux des Nations Unies pour les réfugiés de Palestine dans le Proche-Orient (UNRWA). Financé par des contributions volontaires effectuées principalement par des gouvernements, l'Office fournit des services d'éducation, de formation, de santé et de secours à quelque 2,4 million de réfugiés arabes.

US Marines in action, Korea

## 1950

**25 June**
North Korea attacks the Republic of Korea (South Korea); Security Council calls for a cease-fire and withdrawal of North Korea to the 38th parallel.

**25 juin**
La Corée du Nord attaque la République de Corée (Corée du Sud). Le Conseil de sécurité demande un cessez-le-feu et le retrait des troupes nord-coréennes en-deçà du 38e parallèle.

**27 June-7 July**
Security Council calls upon members to aid Republic of Korea; 21 nations send troops and medical units to serve under the US unified command, under the UN's flag.

**27 juin-7 juillet**
Le Conseil de sécurité demande aux Etats Membres d'aider la République de Corée; 21 pays envoient des troupes et des unités médicales pour servir sous le commande-ment unifié des Etats-Unis et sous le drapeau des Nations Unies.

**16 November**
UN Postal Administration (UNPA) established. UNPA supervises UN activities in the international postal field. It oversees the production and issuing of UN postage stamps, distributes them for official purposes and enables their sale to philatelists.

**16 novembre**
Etablissement de l'Administration postale de l'Organisation des Nations Unies (APNU). L'APNU supervise les activités de l'Organisation dans le domaine postal internatio-nal. Elle administre la production et l'émission de timbres-poste des Nations Unies et les distribue à des fins officielles et philatéliques.

Les marines américains au combat en Corée

First UN stamp being engraved, 1950
Gravure du premier timbre-poste des Nations Unies, 1950

Refugee at UNRRA station
Réfugié à un centre de l'UNRRA

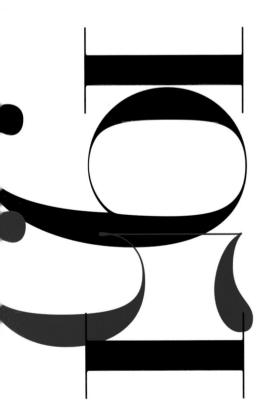

## 1951

**24 October**
First UN stamps issued.

**24 octobre**
Première émission de timbres-poste des Nations Unies.

**20 December**
World Meteorological Organization (WMO) becomes UN specialized agency. WMO develops weather-forecasting services through international collaboration and enables the rapid interchange of weather information.

**20 décembre**
L'Organisation météorologique mondiale devient une institution spécialisée des Nations Unies. Elle développe les services de prévisions météorologiques par la coopération internationale et permet un échange rapide d'informations dans ce domaine.

## 1952

**11 January**
Disarmament Commission established by General Assembly; replaces Atomic Energy Commission and Commission on Conventional Armaments.

**11 janvier**
La Commission du désarmement, qui remplace la Commission de l'énergie atomique et la Commission des armements de type classique, est établie par l'Assemblée générale.

**19 January**
General Assembly establishes Ad Hoc Committee on South West Africa to deal with issues of that Territory's administration.

**19 janvier**
L'Assemblée générale établit le Comité spécial du Sud-Ouest africain et le charge des questions relatives à l'administration de ce territoire.

**31 January**
Balkans Subcommission of Peace Observation Commission approves military observers for Greek frontiers.

**31 janvier**
La Sous-Commission des Balkans de la Commission d'observation pour la paix approuve la présence d'observateurs militaires aux frontières de la Grèce.

**27 February**
Formal inauguration of UN Headquarters in New York.

**27 février**
Inauguration officielle du Siège de l'Organisation des Nations Unies à New York.

UN Secretary-General Dag Hammarsk
(1953-61)

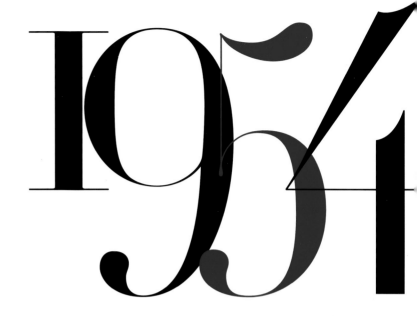

**1954**

Le Secrétaire général des Nations Unies, Dag Hammarskjöld
(1953-1961)

**20 December**
General Assembly approves Convention on Political Rights of Women, affirming that the progress of women is contingent on their sharing decision-making power with men.

**20 décembre**
L'Assemblée générale approuve la Convention sur les droits politiques de la femme, affirmant que le progrès des femmes dépend de leur participation au processus décisionnel avec les hommes.

**1953**
**10 April**
Dag Hammarskjöld (Sweden) appointed UN Secretary-General for a 5-year term.

**10 avril**
Dag Hammarskjöld (Suède) est nommé Secrétaire général des Nations Unies pour un mandat de 5 ans.

**5 August-24 September**
UN oversees exchange of Korean prisoners in "Operation Big Switch."

**5 août-24 septembre**
Les Nations Unies supervisent l'échange de prisonniers coréens dans le cadre de l'opération «Big Switch».

**1954**
**22 April**
Convention on Status of Refugees, defining their rights and duties, enters into force.

**22 avril**
Entrée en vigueur de la Convention relative au statut des réfugiés.

**31 August-10 September**
UN World Population Conference held in Rome.

**31 août-10 septembre**
Les Nations Unies organisent la Conférence mondiale de la population à Rome.

The United Nations was born out of the ashes of war. To provide urgent relief to millions of Second World War victims, 44 Allied nations founded the United Nations Relief and Rehabilitation Administration, whose work actually began in China before the end of 1944 when the War in the Pacific was still raging. UNRRA repatriated 7 million refugees across Europe and mobilized 52 nations to supply $4 billion worth of food, clothing, medicine, livestock and machinery to ravaged areas of Europe and China.

Les Nations Unies sont nées des cendres de la guerre. Pour fournir des secours urgents aux millions de victimes de la Deuxième Guerre mondiale, 44 nations alliées fondèrent l'Administration des Nations Unies pour les secours et la reconstruction (UNRRA), dont les travaux commencèrent en fait en Chine avant la fin 1944, alors que la guerre du Pacifique faisait encore rage. L'UNRRA organisa le rapatriement de 7 millions de réfugiés dans toute l'Europe et mobilisa 52 nations qui fournirent des vivres, des vêtements, des médicaments, du bétail et des machines d'une valeur de 4 milliards de dollars aux régions ravagées de l'Europe et de la Chine.

Polish Territory was among the most devastated by the Second World War in Europe. Peasants were often forced to flee burning villages with a few hastily salvaged possessions (overleaf). In all, over 6 million people died and many more were deported. UNRRA organized the return of millions of wartime refugees.

Le territoire polonais est l'un de ceux qui furent les plus dévastés en Europe par la Deuxième Guerre mondiale. Les paysans se virent souvent forcés de fuir leurs villages en flammes en emportant quelques possessions réunies à la hâte (page suivante). Au total, plus de 6 millions de Polonais périrent et un nombre encore plus élevé fut déporté. L'UNRRA organisa le retour de millions de réfugiés de guerre.

This eight-year-old Polish orphan, whose parents were killed by the Nazis, holds the daily bread ration of two loaves for six people. UNRRA provided flour and baked and distributed bread from thousands of stations across Europe.

Cet orphelin polonais de huit ans, dont les parents ont été tués par les Nazis, porte la ration journalière de pain de six personnes: deux miches. L'UNRRA a assuré la fourniture de la farine et la cuisson et la distribution du pain dans des milliers de centres établis dans toute l'Europe.

Because so many factories had been destroyed, millions of children throughout postwar Europe were without shoes. This was an especial hardship in winter, when barefoot children were forced to brave snow and bitter cold on their way to school (previous spread). UNRRA supplied 13 million pairs of shoes and built local shoe factories in Greece, Italy, Poland and Yugoslavia.

En raison du grand nombre d'usines détruites, des millions d'enfants européens manquaient de chaussures après la guerre. La situation était particulièrement difficile en hiver, où ils devaient braver la neige et le froid pour se rendre à l'école pieds nus (page précédente). L'UNRRA fournit 13 millions de paires de chaussures et construisit des usines de chaussures au niveau local en Grèce, en Italie, en Pologne et en Yougoslavie.

By 1944, China was beset by famines, epidemics and civil unrest, and UNRRA relief operations were sometimes almost overwhelmed. Here, starving villagers, desperate for food, rush the first UNRRA relief vehicles to arrive in their region. At one stage in Hunan, flour and rice kitchens fed 73,000 persons daily. Despite these efforts, many people died of starvation, leaving orphans to subsist on scraps salvaged in the streets (overleaf).

En 1944, la Chine était en proie aux famines, aux épidémies et aux troubles civils, et les opérations de secours de l'UNRRA suffisaient parfois difficilement à la tâche. Ici, des villageois affamés se ruent sur les premiers camions de secours de l'UNRRA arrivés dans leur région. Dans la province de Hunan, les distributions de farine et de riz ont alimenté jusqu'à 73 000 personnes par jour. En dépit de ces efforts, nombreuses furent les victimes de la faim qui laissèrent derrière elles leurs enfants orphelins réduits à se nourrir des déchets qu'ils trouvaient dans les rues (page suivante).

In the wake of the war, human labour was China's most important resource, and almost everything was done by muscle power—from pulling ploughs to till fields, to driving piles to rebuild sea dikes. UNRRA operations helped restore public services, including power stations, gasworks and telephone systems. Thousands of miles of highways were rebuilt and more than 240 locomotives and 3,400 railroad cars were shipped to replace the devastated transportation systems. Flood control and irrigation projects were a particular priority; through UNRRA projects, over 4 million acres of valuable agricultural land were reclaimed.

A la suite de la guerre, la main-d'oeuvre humaine était la plus grande ressource de la Chine. La quasi-totalité des travaux se faisait à force d'homme, qu'il s'agisse de tirer les charrues dans les rizières ou d'enfoncer les pieux pour reconstruire les digues en bordure de mer. Les interventions de l'UNRRA aidèrent à restaurer les services publics, centrales électriques, usines à gaz et réseaux téléphoniques. Des milliers de kilomètres de routes furent réaménagés et plus de 240 locomotives et 3 400 wagons de chemins de fer furent fournis pour remettre en état les moyens de transport du pays. Par ailleurs, la régularisation des crues et l'irrigation firent l'objet d'une attention prioritaire et les projets de l'UNRRA permirent de mettre en valeur environ 1,7 million d'hectares de terres agricoles.

From the beginning, women have played an active role in UN issues. One notable example is Mrs. Eleanor Roosevelt, who chaired the commission that produced the Universal Declaration of Human Rights, the first globally ratified document of its kind to affirm fundamental political and personal freedoms (overleaf). Women delegates in attendance at the 1st General Assembly in London in 1946 (below right) drafted an "Open Letter to the Women of the World," the first call for global solidarity among women.

Dès les premiers temps, les femmes jouèrent un rôle actif dans les questions relevant de la compétence des Nations Unies. Exemple insigne de l'importance de ce rôle, Mme Eleanor Roosevelt présida la commission qui élabora la Déclaration universelle des droits de l'homme, premier document ratifié à l'échelle mondiale qui proclame l'existence des libertés politiques et individuelles fondamentales (page suivante). Les représentantes qui participèrent à Londres à la première Assemblée générale en 1946 (en bas à droite) rédigèrent une «Lettre ouverte aux femmes du monde», premier appel mondial à la solidarité féminine.

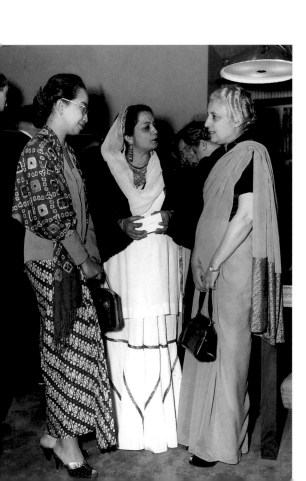

The purchase of the 16-acre site of the UN Headquarters in New York City was made possible by a gift from the Rockefeller family. The waterfront locale is bounded by the East River and First Avenue between 42nd and 48th streets in Manhattan. Construction began in 1949 and the complex of buildings was completed in 1952. Here, Trygve Lie, the first UN Secretary-General, is pictured laying the cornerstone of the General Assembly Building with Wallace K. Harrison, who headed the UN Headquarters Board of Design.

L'achat du terrain de 6,7 hectares sur lequel s'élèvent les bâtiments du Siège des Nations Unies à New York fut rendu possible par un don de la famille Rockefeller. Il est situé à Manhattan sur la rive de l'East River, à l'est de la 1ère Avenue, entre la 42e Rue et la 48e Rue. Commencée en 1949, la construction du groupe de bâtiments s'acheva en 1952. Trygve Lie, premier Secrétaire général de l'Organisation, pose ici la première pierre avec Wallace K. Harrison, Chef de la Commission de conception du Siège des Nations Unies.

With a $65-million interest-free loan from the US, a team of eminent international architects was assembled in New York under the leadership of Wallace K. Harrison (US), to design an international facility of unprecedented architectural and functional excellence for the United Nations. The UN Headquarters Board of Design included such renowned architects as N. D. Bassov (USSR), Gaston Brunfaut (Belgium), Ernest Cormier (Canada), Charles-Edouard Le Corbusier (France), Szu Ch'eng Liang (China), Sven Markelius (Sweden), Oscar Niemayer (Brazil), Howard Robertson (UK), G. A. Soilleux (Australia) and Julio Vilamajo (Uruguay).

Un prêt sans intérêt de 65 millions de dollars, octroyé par les Etats-Unis, permit d'assembler à New York une équipe d'éminents architectes internationaux chargés, sous la direction de Wallace K. Harrison (Etats-Unis) de concevoir un édifice international d'un parti architectural et fonctionnel du plus haut niveau d'excellence pour les Nations Unies. La Commission de conception du Siège des Nations Unies réunissait des architectes aussi renommés que N.D. Bassov (URSS), Gaston Brunfaut (Belgique), Ernest Cormier (Canada), Charles-Edouard Le Corbusier (France), Szu Ch'eng Liang (Chine), Sven Markelius (Suède), Oscar Niemayer (Brésil), Howard Robertson (Royaume-Uni), G.A. Soilleux (Australie) et Julio Vilamajo (Uruguay).

There were 51 original members of the United Nations when the Organization was founded on 26 June 1945 in San Francisco. Today there are 185 UN Member States representing almost universal membership. The UN Headquarters in New York City is a thriving centre of diplomatic activity. World-wide, over 25,000 United Nations staff members are in service in the UN system, which has offices in the capitals of more than 60 nations.

A sa fondation le 26 juin 1945 à San Francisco, l'Organisation des Nations Unies comptait 51 Membres. Il y a aujourd'hui 185 Etats Membres, ce qui représente une appartenance quasi universelle. Le Siège de l'Organisation à New York est l'un des grands centres d'activité diplomatique internationale. Le système des Nations Unies possède des bureaux dans les capitales de plus de 60 pays et son effectif dépasse 25 000 fonctionnaires en poste dans le monde entier.

The UN has played a pivotal role in promoting both the production and the distribution of food through the work of two key agencies. The Food and Agriculture Organization of the United Nations (FAO) aims to advance nutrition levels and standards of living worldwide by improving the production, processing, marketing and distribution of food and agriculture products. The World Food Programme (WFP), the principal international channel for the provision of relief food aid, now supplies food to 50 million people in 90 countries annually—more than one quarter of all global food aid.

Les Nations Unies jouent un rôle essentiel en promouvant la production et la distribution des denrées alimentaires au moyen de deux de ses grandes institutions. L'Organisation des Nations Unies pour l'alimentation et l'agriculture (FAO) vise à relever les normes nutritionnelles et le niveau de vie de la population du monde entier par l'amélioration de la production, du traitement, de la commercialisation et de la distribution des denrées alimentaires et des produits agricoles. Le Programme alimentaire mondial (PAM), principal instrument international d'acheminement des secours alimentaires, fournit actuellement des aliments à 50 millions de personnes dans 90 pays, soit plus d'un quart de l'aide alimentaire mondiale.

In the 1950s, as part of an extensive UN programme in Afghanistan to stimulate agricultural growth, FAO undertook an assessment of land and water resources and trained farmers to improve harvests with new cultivation methods and machinery. FAO also assists farmers around the world by supplying seeds and fertilizers.

Au cours des années 50, dans le cadre d'un vaste programme mis en oeuvre par les Nations Unies en Afghanistan, la FAO entreprit une évaluation des ressources en eau et en terre, et assura la formation des agriculteurs afin d'améliorer les rendements au moyen de nouvelles méthodes culturales et de machines agricoles. La FAO aide également les agriculteurs du monde entier en leur fournissant des semences et des fertilisants.

Timeless methods of threshing, planting and harvesting (right) are still in use by much of the world's population. FAO strives to increase food production by upgrading agricultural technology. Another mandate of WFP is to facilitate the implementation of rural irrigation and reforestation projects, which serve to prevent desertification and food shortages.

Une grande part de la population du globe applique toujours les méthodes immémoriales de battage, de plantation et de récolte (ci-contre). La FAO vise à accroître la production vivrière en améliorant les pratiques culturales. Le PAM, de son côté, a également pour mandat de faciliter l'exécution de projets ruraux d'irrigation et de reboisement, qui servent à prévenir la désertification et les pénuries alimentaires.

Fish is an essential source of protein in the world. FAO introduced nylon nets that improved the fishermen's haul in Dahomey. Such seemingly small advances in developing countries help to meet the growing food needs of the population.

Dans le monde entier, le poisson est une source essentielle de protéines. La FAO a introduit l'usage de filets en nylon qui ont amélioré les prises des pêcheurs au Dahomey. Ce sont de tels progrès, si limités qu'ils puissent paraître, qui aident aux pays en développement à faire face aux besoins croissants de nourriture de leur population.

Millions of people around the globe live without a reliable supply of clean water, and well over half the world's population still routinely carries water home from outside sources, such as these African village women (previous spread). To protect vital water resources, the World Health Organization (WHO) and the United Nations Children's Fund (UNICEF) train sanitation experts to teach villagers how to build simple and secure cement wells.

Des millions d'habitants de notre planète ne disposent toujours pas d'une alimentation fiable en eau propre et près de la moitié de la population mondiale doit toujours s'approvisionner en eau à des sources plus ou moins éloignées de leur lieu d'habitation, ainsi que le font ces villageoises africaines (page précédente). Afin de protéger les ressources en eau d'une importance vitale, l'Organisation mondiale de la santé (OMS) et le Fonds des Nations Unies pour l'enfance (UNICEF) forment des spécialistes en assainissement qui apprennent aux villageois à forer des puits simples et sûrs à parois en ciment.

## 1955

**5-10 January**
Secretary-General, in Peking, negotiates for release of UN military personnel imprisoned in Korea.

**5-10 janvier**
Le Secrétaire général négocie à Pékin la mise en liberté de personnel militaire des Nations Unies fait prisonnier en Corée.

**8-20 August**
1st International Conference on the Peaceful Uses of Atomic Energy held in Geneva.

**8-20 août**
Première Conférence internationale sur les utilisations pacifiques de l'énergie atomique à Genève.

## 1956

**9 May**
British Togoland plebiscite held under UN supervision. The majority chose union with the Gold Coast to become the independent State of Ghana on 6 March 1957.

**9 mai**
Organisation d'un plébiscite au Togoland britannique, sous la supervision des Nations Unies. La majorité choisit l'union avec la Côte-de-l'Or pour former l'Etat indépendant du Ghana le 6 mars 1957.

**24 July**
International Finance Corporation (IFC) established to promote economic expansion through investments in private enterprise in developing areas. A World Bank affiliate, IFC is a separate legal entity with its own funds.

**24 juillet**
Etablissement de la Société financière internationale (SFI) pour promouvoir la croissance économique par l'investissement privé dans les régions en développement. Affiliée à la Banque mondiale, la SFI est juridiquement et financièrement indépendante d'elle.

Indian members of UNEF on patrol in Egypt, 1956

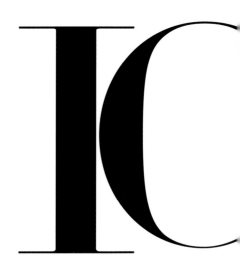

Registration for the plebiscite held May 1956 in British Togoland
Inscription électorale pour le plébiscite de mai 1956 au Togoland britannique

UN clearance of Suez Canal, 1957
Réouverture du canal de Suez par les Nations Unies, 1957

Soldats indiens de la FUNU en
patrouille en Egypte, 1956

# 6

29-31 October
Israel, and subsequently
France and the UK,
conduct military operations
against Egypt following
nationalization of the Suez
Canal by Egypt.

29-31 octobre
Israël puis la France et le
Royaume-Uni mènent des
opérations militaires contre
l'Egypte à la suite de la
nationalisation par celle-ci
du canal de Suez.

5 November
1st Emergency Special
Session of the General
Assembly meets on the Suez
Canal Crisis, establishing
the UN Emergency Force
(UNEF), the first UN
peace-keeping force.

5 novembre
La première session extraordinaire de l'Assemblée
générale, convoquée d'ur-
gence en raison de la crise
du canal de Suez, institue
la Force d'urgence des
Nations Unies (FUNU),
première force de maintien
de la paix de
l'Organisation.

## 1957

**30 January**
General Assembly deplores apartheid, a State-imposed system of institutionalized racial discrimination and segregation, practiced by the Union of South Africa since 1948.

**30 janvier**
L'Assemblée générale déplore l'apartheid, régime de discrimination raciale et de ségrégation institution-nalisée appliqué par l'Union sud-africaine depuis 1948.

**29 July**
International Atomic Energy Agency (IAEA) established. IAEA fosters and guides the development of peaceful uses of atomic energy and applies safeguards to ensure that nuclear materials intended for peaceful use are not diverted to military purposes.

**29 juillet**
Etablissement de l'Agence internationale de l'énergie atomique (AIEA). L'AIEA encourage et guide le développement des utilisa-tions pacifiques de l'énergie nucléaire et applique des mesures préventives pour éviter que les matériaux nucléaires à destination pacifique ne soient mis à usage à des fins militaires.

Spectators at a soccer match, South Africa
Spectateurs à un match de football en Afrique du Sud

## 1958

17 March
International Maritime Organization (IMO) established. IMO works to increase safety at sea, to increase shipping facilities in order to expand trade and to end unfair shipping practices.

17 mars
Etablissement de l'Organisation maritime internationale (OMI). L'OMI vise à renforcer la sécurité en mer, à accroître les installations maritimes pour développer les échanges commerciaux et à mettre fin aux pratiques injustes dans le domaine des transports maritimes.

27 April
UN Commissioner supervises elections in French Togoland.

27 avril
Le Commissaire des Nations Unies supervise les élections au Togo français.

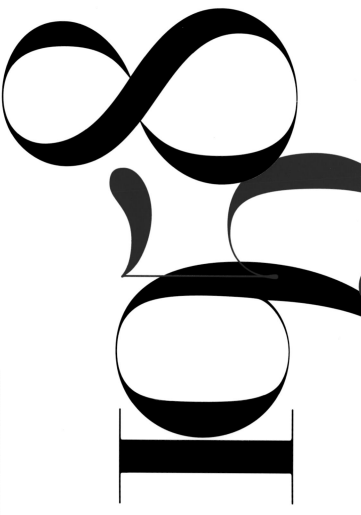

Fishing in the Atlantic Ocean, 1958
Pêche dans l'Atlantique, 1958

UN Visiting Mission in French Cameroons, 1959
Mission des Nations Unies en visite au Cameroun
français, 1959

## 1959

**4-7 September**
Security Council responds to Laos' complaint charging rebels are aided from North Vietnam and creates a sub-committee to investigate.

**4-7 septembre**
Le Conseil de sécurité examine une plainte du Laos selon laquelle le Viet Nam du Nord aiderait des éléments rebelles et institue un sous-comité pour mener une enquête.

**21 November**
General Assembly adopts the Declaration of the Rights of the Child.

**21 novembre**
L'Assemblée générale adopte la Déclaration des droits de l'enfant.

**12 December**
Committee on the Peaceful Uses of Outer Space established by General Assembly.

**12 décembre**
Le Comité des utilisations pacifiques de l'espace extra-atmosphérique est établi par l'Assemblée générale.

## 1960

**1 January**
The Cameroons, former French Trust Territory, becomes independent as the Republic of Cameroon.

**1er janvier**
Le Cameroun français, territoire sous tutelle, devient indépendant en tant que République du Cameroun.

**27 April**
Togoland, former French Trust Territory, becomes independent as Togo.

**27 avril**
Le Togo français, territoire sous tutelle, devient indépendant en tant que République du Togo.

**30 June-10 July**
The Congo, formerly the Belgian Congo, becomes independent; disorder breaks out, and Belgium sends in troops.

**30 juin-10 juillet**
Le Congo, ancien Congo belge, devient indépendant. Des troubles éclatent et la Belgique envoie des troupes.

**1 July**
Somaliland, former Italian Trust Territory, becomes independent as the Republic of Somalia.

**1er juillet**
La Somalie italienne, territoire sous tutelle, accède à l'indépendance en tant que République de Somalie.

**12 July**
Secretary-General receives communication from the Congolese Government requesting UN military assistance.

**12 juillet**
Le Secrétaire général reçoit une demande d'assistance militaire des Nations Unies émanant du Gouvernement congolais.

**14 July**
Security Council calls on Belgium to withdraw troops; authorizes the Secretary-General to provide military and technical assistance. United Nations Operation in the Congo (ONUC) begins.

14 juillet
Le Conseil de sécurité demande à la Belgique de retirer ses troupes et autorise le Secrétaire général à fournir une assistance militaire et technique au Congo. Début de l'Opération des Nations Unies au Congo (ONUC).

24 September
International Development Association (IDA) established. An affiliate of the World Bank, IDA facilitates loans for important projects in developing countries.

24 septembre
Etablissement de l'Association internationale de développement (IDA). Affiliée à la Banque mondiale, l'IDA accorde des prêts aux pays en développement pour l'exécution de grands projets.

30 September
General Assembly votes to seat 17 new Member States, 16 of which are newly independent African countries.

30 septembre
L'Assemblée générale accueille 17 nouveaux Membres, dont 16 sont des Etats africains ayant récemment accédé à l'indépendance.

14 December
General Assembly adopts the Declaration on the Granting of Independence to Colonial Countries and Peoples in order to speed the process of decolonization. It affirmed all people's right to self-determination and proclaimed that colonization should be ended immediately.

14 décembre
L'Assemblée générale adopte la Déclaration sur l'octroi de l'indépendance aux pays et aux peuples coloniaux, aux fins d'accélérer le processus de décolonisation. Elle affirme le droit des peuples à l'auto-détermination et proclame que la colonisation doit prendre fin immédiatement.

UN troops on the way to the Congo, 1960
Forces des Nations Unies en route pour le Congo, 1960

Kwame Nkrumah, Prime Minister of Ghana, addressing the General Assembly, 1960
Kwame Nkrumah, Premier Ministre du Ghana, s'adressant à l'Assemblée générale, 1960

# 1961

US President John F. Kennedy addressing the General Assembly, 1961
Président des Etats Unis John F. Kennedy s'adressant à l'Assemblée générale, 1961

Pakistani soldiers of UNSF, 1962

UN Secretary-General
U Thant (1961-71)
Le Secrétaire général de l'Organisation des Nations Unies U Thant (1961-1971)

**1961**
**30 March**
Single convention on World Drug Control adopted, culminating ten years of UN codification work.

**30 mars**
Adoption d'une convention unique sur la lutte mondiale contre la drogue après 10 ans de travaux de codification des Nations Unies.

**1 June**
Northern Cameroons, former British Trust Territory, achieves independence by joining Nigeria.

**1er juin**
Le Cameroun septentrional, territoire sous tutelle britannique, accède à l'indépendance en s'unissant au Nigéria.

**18 September**
Secretary-General Dag Hammarskjöld killed in a plane crash on his way to the Congo.

**18 septembre**
Mort du Secrétaire général Dag Hammarskjöld en route pour le Congo dans un accident d'avion.

**1 October**
Southern Cameroons, former British Trust Territory, attains independence by joining the Republic of Cameroon.

**1er octobre**
Le Cameroun occidental, territoire sous tutelle britannique, accède à l'indépendance en s'unissant à la République du Cameroun.

**3 November**
U Thant (Burma) appointed Acting Secretary-General for a term ending 10 April 1963.

**3 novembre**
U Thant (Birmanie) est nommé Secrétaire général par intérim pour un mandat devant se terminer le 10 avril 1963.

**9 December**
British Trust Territory of Tanganyika attains independence.

**9 décembre**
Le Tanganyika, territoire sous tutelle britannique, accède à l'indépendance.

**19 December**
General Assembly establishes committee to seek the independence of South West Africa.

**19 décembre**
L'Assemblée générale institue un comité chargé d'obtenir l'indépendance du Sud-Ouest africain.

**1962**
**1 January**
Western Samoa, a former New Zealand Trust Territory, achieves independence.

**1er janvier**
Les Samoa occidentales, territoire sous tutelle de la Nouvelle-Zélande, accèdent à l'indépendance.

Soldats pakistanais de la FSNU, 1962

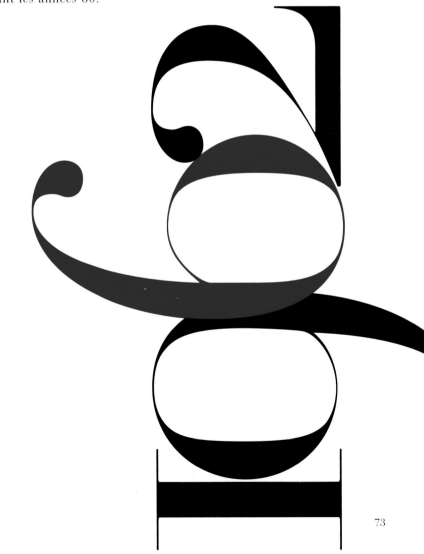

UN Visiting Mission in Western Samoa, 1960s
Mission des Nations Unies en visite aux Samoas occidentales
durant les années 60.

**3-5 October**
UN Security Force (UNSF) arrives in West New Guinea to replace Netherlands naval and land forces, which are withdrawn by 15 November.

**3-5 octobre**
La Force de sécurité des Nations Unies (FSNU) arrive en Nouvelle-Guinée occidentale pour remplacer les forces navales et terrestres néerlandaises qui sont rappelées au 15 novembre.

**23-25 October**
Security Council hears complaints by US, Cuba and Soviet Union on Cuban Missile Crisis.

**23-25 octobre**
Le Conseil de sécurité examine les plaintes des Etats-Unis, de Cuba et de l'Union soviétique dans la crise des missiles de Cuba.

**6 November**
General Assembly urges Members to break diplo-

matic and economic ties with South Africa to protest its policy of apartheid.

**6 novembre**
L'Assemblée générale engage instamment les Etats Membres à rompre toutes relations diplomatiques et économiques avec l'Afrique du Sud en protestation contre sa politique d'apartheid.

**30 November**
Acting Secretary-General U Thant appointed UN Secretary-General for the remainder of a 5-year term expiring 3 November 1966.

**30 novembre**
Le Secrétaire général par intérim U Thant est nommé Secrétaire général de l'Organisation des Nations Unies pour le reste d'un mandat de 5 ans devant se terminer le 3 novembre 1966.

**1963**

**1 January**
World Food Programme (WFP) established as a joint undertaking of the UN and FAO to foster development through food aid and to provide emergency relief. In 1993, WFP assisted 6 million refugees and 21 million displaced persons.

**1er janvier**
Le Programme alimentaire mondial est institué en tant que programme conjoint des Nations Unies et de la FAO aux fins de favoriser le développement par l'octroi d'aide alimentaire et de secours d'urgence. En 1993, le PAM est venu en aide à 6 millions de réfugiés et à 21 millions de personnes déplacées.

**3 July**
UN Yemen Observation Mission (UNYOM) troops deployed to report on withdrawal of Egyptian troops.

**3 juillet**
Déploiement des troupes de la Mission d'observation des Nations Unies au Yémen (UNYOM) pour surveiller le retrait des troupes égyptiennes.

**6 August**
In the UN's strongest condemnation of apartheid to date, the Security Council strengthens the General Assembly's previous resolutions by calling on South Africa to reject apartheid and release all political prisoners. It urged all States to stop the sale and shipment of arms to South Africa.

**6 août**
Dans la plus vigoureuse condamnation de l'apartheid émise à ce jour par les Nations Unies, le Conseil de sécurité renforce les résolutions antérieures de l'Assemblée générale en demandant à l'Afrique du Sud de renoncer au régime de l'apartheid et de libérer tous les prisonniers politiques. Il demande instamment à tous les Etats de cesser la vente et les expéditions d'armes à l'Afrique du Sud.

**20 November**
General Assembly adopts Declaration on the Elimination of All Forms of Racial Discrimination.

Dr. and Mrs. Martin Luther King, Jr. greeted by UN Under-Secretary for Special Political Affairs Ralph Bunch 4 December 1964

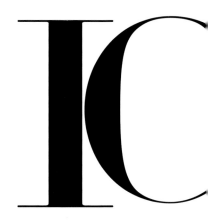

Members of UNFICYP, Cyprus, 27 March 1964
Membres de l'UNFICYP à Chypre, 27 mars 1964

Le Dr. Martin Luther King, Jr. et son épouse, accueillis aux Nations Unies par le Sous-Secrétaire aux affaires politiques spéciales, Ralph Bunche, le 4 décembre 1964

20 novembre
L'Assemblée générale adopte la Déclaration des Nations Unies sur l'élimination de toutes les formes de discrimination raciale.

## 1964

**27 March**
UN Peace-keeping Force in Cyprus (UNFICYP) established, to settle conflict between Greek Cypriot and Turkish Cypriot communities.

**27 mars**
Formation de la Force des Nations Unies chargée du maintien de la paix à Chypre (UNFICYP), pour résoudre le conflit opposant les communautés chypriotes grecques et turques.

**5-7 August**
Security Council meets at US request to consider Gulf of Tonkin Crisis created by the alleged North Vietnamese attack on US naval vessels in international waters on 3 August.

**5-7 août**
Réunion du Conseil de sécurité pour examiner la plainte des Etats-Unis con-
cernant l'attaque de navires américains par les Nord-Vietnamiens dans les eaux internationales déclenchant ainsi la Crise du Golfe du Tonkin le 3 août.

**30 December**
UN Conference on Trade and Development (UNCTAD) established to promote economic development through international trade. UNCTAD negotiates multilateral trade agreements and seeks to harmonize trade policies of Governments and regions.

**30 décembre**
Etablissement de la Conférence des Nations Unies sur le commerce et le développement (CNUCED) pour promouvoir le développement économique par les échanges commerciaux internationaux. La CNUCED négocie des accords commerciaux multilatéraux et s'efforce d'harmoniser les politiques commerciales des Etats et des régions.

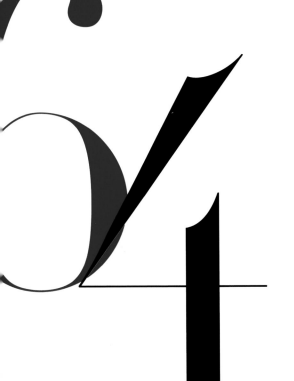

More than 80 independent nations once under colonial rule have joined the United Nations since 1945. Many were part of the UN International Trusteeship System, which promoted political and social advancement toward self-determination. In New Guinea, thousands of tribespeople walked several days to greet the arrival of the UN Visiting Mission in 1956 (left and overleaf). In November 1994, Palau, the last of the original UN Trust Territories, became independent and the Trusteeship System finally fulfilled its mandate.

Plus de 80 nations indépendantes jadis sous la férule coloniale sont devenues Membres des Nations Unies depuis 1945. Nombre d'entre elles faisaient partie du Régime de tutelle des Nations Unies qui promouvait une évolution sociale et politique devant aboutir à l'auto-détermination. En Nouvelle-Guinée, des milliers d'autochtones firent plusieurs jours de marche pour accueillir la Mission de visite des Nations Unies en 1956 (à gauche et page suivante). En novembre 1994, Palau, dernier territoire sous tutelle, accéda à l'indépendance, marquant ainsi l'accomplissement du mandat du Régime de tutelle.

Peace-keeping operations are a genuine innovation of the UN. The first of these, the United Nations Truce Supervision Organization (UNTSO), was established in 1948 after the initial Arab-Israeli War. With the Suez Canal Crisis of 1956, the United Nations Emergency Force (UNEF) was formed, a concept without global political precedent in which 6,000 troops from 10 Member States oversaw the end of hostilities and the withdrawal of Arab and Israeli forces.

Les opérations de maintien de la paix sont une authentique innovation des Nations Unies. La première d'entre elles, l'Organisme des Nations Unies chargé de la surveillance de la trêve (ONUST), fut établie en 1948 après la première guerre israélo-arabe. La Crise du canal de Suez de 1956 vit la formation de la Force d'urgence des Nations Unies (FUNU), concept sans précédent politique à l'échelle mondiale; les opérations de la FUNU réunirent 6 000 hommes de 10 Etats Membres qui supervisèrent la fin des hostilités et le retrait des troupes arabes et israéliennes.

The United Nations Relief and Works Agency for Palestine Refugees (UNRWA) has provided emergency relief services to 2.5 million Palestinians over the past 40 years. Since 1948, UNRWA has helped set up 60 camps throughout the Middle East. The Nahr El Bared Camp, one of the first in Lebanon, housed 6,000 refugees in tents.

Au cours des 40 dernières années, l'Office de secours et de travaux des Nations Unies pour les réfugiés de Palestine (UNRWA) a fourni des services de secours d'urgence à 2,5 millions de Palestiniens. Depuis 1948, il a contribué à l'aménagement de 60 camps dans tout le Moyen-Orient. Le Camp de Nahr El Bared, l'un des premiers établis au Liban, abritait 6 000 réfugiés sous ses tentes.

The 15th session of the UN General Assembly in 1960 voted to admit 17 new Member States. In an unusual event on 30 September 1960, the flags of these nations were raised simultaneously outside New York Headquarters (overleaf). Here, members of the Nigerian Delegation await the unanimous recommendation of the Security Council to admit their country to membership in the United Nations.

En 1960, lors de sa 15e session, l'Assemblée générale des Nations Unies admit 17 nouveaux Etats Membres. Le 30 septembre 1960, en une manifestation exceptionnelle, les drapeaux de ces nations furent hissés simultanément devant le Siège de l'Organisation à New York (page suivante). Ici, les membres de la délégation du Nigéria attendent l'annonce de la recommandation unanime du Conseil de sécurité d'admettre leur pays au sein des Nations Unies.

The 15th session of the UN General Assembly brought together more world leaders than any previous political gathering in history. The developing world took centre stage with such notables in attendance as Kwame Nkrumah (Ghana), Jawaharlal Nehru (India), Sukarno (Indonesia), Gamal Abdel Nasser (United Arab Republic), and Fidel Castro (Cuba). Above left, Nikita S. Khrushchev (USSR), refutes a point made in a speech by the UK's Harold Macmillan.

La 15e session de l'Assemblée générale des Nations Unies rassembla plus de dirigeants mondiaux que toute autre réunion politique de l'histoire jusqu'alors. Le monde en développement y était représenté en place d'honneur par des notables tels que Kwame Nkrumah (Ghana), Jawaharlal Nehru (Inde), Sukarno (Indonésie), Gamal Abdel Nasser (République arabe unie) et Fidel Castro (Cuba). Ci-dessus, à gauche, Nikita Khrouchtchev, de l'URSS, réfute un argument présenté par Harold MacMillan, du Royaume-Uni, dans une allocution.

In October 1962 the Security Council addressed the Cuban Missile Crisis. The US and USSR reached the brink of war over the Soviet supply of arms to Cuba, and UN Secretary-General U Thant presided over negotiations between the three countries. As a result, the USSR dismantled Cuban missile bases, halted arms shipments and began negotiating with the US over the reduction of nuclear weapon stocks. Photographs of Russian missile sites in Cuba were displayed to the UN Security Council.

En octobre 1962, le Conseil de sécurité se réunit pour débattre de la Crise des missiles de Cuba. Les Etats-Unis et l'Union soviétique parvinrent au bord de la guerre en une inquiétante escalade motivée par la fourniture d'armes soviétiques à Cuba, et le Secrétaire général U Thant présida les négociations entre les trois pays. Ces négociations aboutirent au démantèlement des bases de missiles à Cuba, à l'interruption des envois d'armes et à des pourparlers avec les Etats-Unis en vue de la réduction des armes nucléaires. Des photographies des silos de missiles russes à Cuba furent présentées au Conseil de sécurité.

The United Nations Children's Fund (UNICEF) works to improve the lives of children worldwide. For example, it has implemented nutrition programmes, such as supplying milk every day to these Andean Indian schoolchildren in Colombia during the 1950s. In 1989, the UN General Assembly adopted the Convention on the Rights of the Child, which seeks to eliminate such abuses as the exploitation of child labour, child prostitution and military conscription of children.

Le Fonds des Nations Unies pour l'enfance (UNICEF) s'efforce d'améliorer les conditions de vie des enfants du monde entier. Il a mis en oeuvre à cette fin divers programmes de nutrition tels que ce programme de fourniture de lait aux écoliers indiens de la région des Andes en Colombie durant les années 50. En 1989, l'Assemblée générale adopta la Déclaration des droits de l'enfant qui vise à éliminer les abus que sont l'exploitation du travail, la prostitution et la conscription des enfants.

International celebrities have elected to become "goodwill ambassadors" for UNICEF, focusing world attention on urgent children's issues. Pictured are Liv Ullman, Danny Kaye, UNICEF's first goodwill ambassador, Peter Ustinov and Harry Belafonte. Audrey Hepburn (overleaf) won many awards for her dedicated work on behalf of the world's children.

Plusieurs célébrités internationales ont choisi d'être «ambassadeurs itinérants» de l'UNICEF pour attirer l'attention du monde sur les urgences concernant les enfants. On voit ici Liv Ullman, Danny Kaye (premier ambassadeur itinérant), Peter Ustinov et Harry Belafonte. Audrey Hepburn (page suivante) s'est vu décerner de nombreuses distinctions pour ses efforts et son dévouement à la cause du bien-être des enfants du monde.

Pope Paul VI at the General
Assembly, 4 October 1965
Le Pape Paul VI à l'Assemblée
générale, le 4 octobre 1965

## 1965

**15 May**
Mission of the
Representative of the
Secretary-General in the
Dominican Republic
(DOMREP) established to
monitor cease-fire after
civil war.

**15 mai**
Etablissement de la mission
du Représentant du
Secrétaire général en
République dominicaine
(DOMREP) pour surveiller
le respect du cessez-le-feu
après la guerre civile.

**21 September**
UN India-Pakistan
Observer Mission
(UNIPOM) organized to
supervise cease-fire.

**21 septembre**
Organisation de la Mission
d'observation des Nations
Unies pour l'Inde et le
Pakistan (MONUIP) pour
superviser le respect du
cessez-le-feu.

**4 October**
Pope Paul VI pleas for
peace before the 20th
General Assembly.

**4 octobre**
Le Pape Paul VI lance un
appel pour la paix à la 20e
Assemblée générale.

**12 November**
Security Council condemns
Southern Rhodesia's declaration of independence;
urges States not to recognize Ian Smith's illegal
regime.

**12 novembre**
Le Conseil du sécurité condamne la proclamation uni-
latérale d'indépendance de
la Rhodésie du Sud et
demande aux Etats
Membres de ne pas recon-
naître le régime illégal
d'Ian Smith.

**22 November**
UN Development
Programme (UNDP)
established to channel
multilateral technical and
pre-investment assistance
to developing countries.
Voluntarily funded by
UN Member States and
affiliated agencies, UNDP
supports over 6,000 pro-
jects in some 150 countries.

**22 novembre**
Fondation du Programme
des Nations Unies pour le
développement (PNUD),
chargé d'administrer les
programmes multilatéraux
d'assistance technique et
d'aide de pré-investisse-
ment aux pays en
développement. Financé par
les contributions volon-
taires des Etats Membres
des Nations Unies et des
organismes affiliés, le
PNUD appuie plus de 6000
projets exécutés dans 150
pays.

UNDP road-building project, Gabon, 1968
Projet d'aménagement routier du PNUD au Gabon,
1968

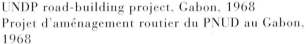

Arms always at the ready during civil conflict in Southern Rhodesia
Les armes sont toujours prêtes pendant les troubles civils en Rhodésie du Sud

1968

1966
22 March
UNIPOM disbands as peace
is restored.

22 mars
Dissolution de la MONUIP,
la paix ayant été rétablie.

27 October
General Assembly strips
South Africa of its mandate
to govern South West
Africa.

27 octobre
L'Assemblée générale
révoque le mandat de
l'Afrique du Sud au titre
duquel celle-ci gouvernait
le Sud-Ouest africain.

2 December
U Thant reappointed as UN
Secretary-General for a
5-year term.

2 décembre
U Thant est nommé

Secrétaire général des
Nations Unies pour un
deuxième mandat de 5 ans.

16 December
General Assembly adopts
International Covenants on
Economic, Social and
Cultural Rights, and on
Civil and Political Rights
and Optional Protocol
thereto.

16 décembre
L'Assemblée générale
adopte les Pactes internationaux relatifs aux droits
économiques, sociaux et
culturels et aux droits civils
et politiques et le Protocole
facultatif.

Security Council imposes
mandatory sanctions
against Ian Smith's illegal
regime in Southern
Rhodesia.

Le Conseil de sécurité
impose des sanctions obligatoires contre le régime
d'Ian Smith en Rhodésie du
Sud.

19 December
Treaty on Principles
Governing the Activities of
States in the Exploration
and Use of Outer Space,
including the Moon and
Other Celestial Bodies, is
adopted by the General
Assembly.

19 décembre
Adoption par l'Assemblée
générale du Traité sur les
principes régissant les
activités des Etats en
matière d'exploration et
d'utilisation de l'espace
extra-atmosphérique, y
compris la Lune et les
autres corps célestes.

Earth rising seen from
moon orbit, 1968
Lever de la Terre vu d'une
orbite lunaire, 1968

1967
17-19 May
United Arab Republic (UAR) troops force the United Nations Emergency Force (UNEF)'s withdrawal from Israel border posts—Secretary-General complies with UAR's request for UNEF's immediate withdrawal, citing 1956 agreement affirming UNEF presence is contingent on UAR approval.

17-19 mai
Les troupes de la République arabe unie (RAU) obligent la Force d'urgence des Nations Unies (FUNU) à évacuer les postes-frontières d'Israël — Le Secrétaire général accède à la demande de la RAU de retrait immédiat de la FUNU, conformément aux termes d'un accord de 1956 stipulant que la présence de la FUNU est sujette à l'approbation de la RAU.

5 June
Hostilities break out between Israel, Jordan, Syria and the UAR—Security Council calls for a cease-fire.

5 juin
Début des hostilités entre Israël, la Jordanie, la Syrie et la RAU — Le Conseil de Sécurité demande le cessez-le-feu.

7 November
General Assembly adopts Declaration on the Elimination of Discrimination Against Women.

7 novembre
L'Assemblée générale adopte la Déclaration sur l'élimination de la discrimination à l'égard des femmes.

22 November
Security Council unanimously adopts resolution 242, which called for the withdrawal of Israeli forces from territories occupied in the 1967 conflict and the acknowledgment of the sovereignty and territorial integrity of every State in the area.

22 novembre
Le Conseil de sécurité adopte à l'unanimité la résolution 242 demandant le retrait des forces israéliennes des territoires occupés lors du conflit de 1967 et la reconnaissance de la souveraineté et de l'intégrité territoriale de tous les Etats de la région.

1968
1 March
International Narcotics Control Board comes into being, superceding the Permanent Central Narcotics Board and the Drug Supervisory Body.

World Youth Assembly, UN Headquarters, 1970

Congrès mondial de la jeunesse au Siège
des Nations Unies 1970

**1er mars**
Création de l'Organe international de contrôle des stupéfiants, qui remplace le Comité central permanent des stupéfiants et l'Organe de contrôle des stupéfiants.

**22 April-13 May**
International Conference on Human Rights held in Teheran, Iran.

**22 avril-13 mai**
Conférence internationale des droits de l'homme à Téhéran (Iran).

**12 June**
General Assembly proclaims South West Africa will be known as Namibia; recommends that the Security Council act to remove South Africa from the area.

**12 juin**
L'Assemblée générale annonce que le Sud-Ouest africain sera désormais connu sous le nom de Namibie et recommande que le Conseil de sécurité agisse pour que l'Afrique du Sud se retire de la région.

General Assembly approves Treaty on the Non-Proliferation of Nuclear Weapons (NPT) and urges ratification by States.

L'Assemblée générale approuve le Traité sur la non-prolifération des armes nucléaires (TNP) et encourage les Etats à le ratifier.

## 1969
**1 January**
UN Fund for Population Activities (UNFPA) becomes operational. UNFPA is the largest international voluntarily funded source of assistance to population programmes in developing countries.

**1er janvier**
Le Fonds des Nations Unies pour les activités en matière de population (FNUAP) devient opérationnel. Le FNUAP est la plus importante source d'assistance internationale financée volontairement pour appuyer les programmes dans le domaine de la population dans les pays en développement.

**20 March**
Security Council calls upon South Africa to withdraw its administration from Namibia.

**20 mars**
Le Conseil de sécurité demande à l'Afrique du Sud de retirer son administration de la Namibie.

## 1970
**9-17 July**
World Youth Assembly held at UN Headquarters in New York. The first international youth convocation organized by the UN considered issues relating to world peace, development, education and the environment.

**9-17 juillet**
Le Congrès mondial de la jeunesse tient ses assises au Siège des Nations Unies à New York. La première assemblée de jeunes réunie par les Nations Unies examine les questions de la paix, du développement, de l'éducation et de l'environnement au niveau mondial.

**1971**
25 October
General Assembly votes
to recognize and seat the
representatives of the
People's Republic of China
in the UN.

25 octobre
L'Assemblée générale
reconnaît la République
populaire de Chine et
installe ses représentants.

14 December
Office of the United Nations
Disaster Relief Coordinator
(UNDRO) established to
mobilize aid and to assist in
disaster planning, pre-
paredness and prevention
programmes.

14 décembre
Création du Bureau du
Coordonnateur des Nations
Unies pour les secours en
cas de catastrophe
(UNDRO). Ce Bureau,
chargé de la mobilisation de
l'aide, a également pour
mission d'appuyer les programmes de planification
préalable et de prévention
des catastrophes.

22 December
Kurt Waldheim (Austria)
appointed UN Secretary-
General for a 5-year term.

22 décembre
Kurt Waldheim (Autriche)
est nommé Secrétaire
général des Nations Unies
pour un mandat de 5 ans.

Seating of the Chinese Delegation, 25 October 1971

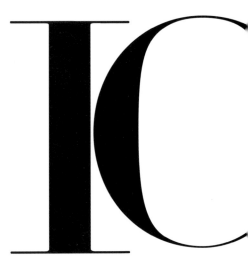

Installation de la Délégation de la Chine, 25 octobre 1971

## 1972

**5-16 June**
UN Conference on the Human Environment meets in Stockholm and adopts plans for international action to protect the environment.

**5-16 juin**
La Conférence des Nations Unies sur l'environnement se réunit à Stockholm et adopte des plans d'action internationaux visant à protéger l'environnement.

**16 June**
UN Environment Programme (UNEP) established in Nairobi, Kenya. The first UN agency based in a developing country, UNEP monitors the world environment, coordinates sound environmental practices and promotes the exchange of environmental knowledge.

**16 juin**
Etablissement du Programme des Nations Unies pour l'environnement (PNUE) à Nairobi (Kenya). Premier organisme des Nations Unies dont le siège est situé dans un pays en développement, le PNUE surveille l'environnement mondial, coordonne les pratiques écologiquement rationnelles et promeut l'échange des connaissances dans le domaine de l'environnement.

**21 July**
Security Council calls upon Israel to immediately return all abducted Syrian and Lebanese military and security personnel.

**21 juillet**
Le Conseil de sécurité demande à Israël de remettre immédiatement en liberté tous les prisonniers syriens et libanais des forces armées capturés.

UN Secretary-General Kurt Waldheim (1972-81)
Le Secrétaire général des Nations Unies Kurt Waldheim (1972-1981)

## 1973

**2 February**
Security Council condemns economic blockade and military threats against Zambia by the illegal regime of Southern Rhodesia in collusion with the Union of South Africa.

**2 février**
Le Conseil de sécurité condamne les menaces de blocus économique et militaire émises envers la Zambie par le régime illégal de la Rhodésie du Sud en collusion avec l'Afrique du Sud.

**9 May**
Australia and New Zealand file proceedings against France before the International Court of Justice, protesting France's atmospheric nuclear tests in the South Pacific.

**9 mai**
L'Australie et la Nouvelle-Zélande introduisent une instance contre la France devant la Cour internationale de Justice, en protestation contre les essais dans l'atmosphère d'armes nucléaires de la France dans le Pacifique sud.

**18 September**
General Assembly admits German Democratic Republic, Federal Republic of Germany and Bahamas to UN membership.

**18 septembre**
L'Assemblée générale admet la République démocratique allemande, la République fédérale d'Allemagne et les Bahamas en tant qu'Etats Membres des Nations Unies.

**25 October**
Security Council request Israel and Egypt to observe the cease-fire and return to positions they occupied on 22 October. Council decides to increase UN military observers and establish a second UN Emergency Force (UNEF II).

**25 octobre**
Le Conseil de sécurité demande à Israël et à l'Egypte de respecter le cessez-le-feu et de revenir aux positions qu'ils occupaient au 22 octobre. Le Conseil décide d'accroître le nombre d'observateurs militaires de l'ONU et d'établir une deuxième Force d'urgence des Nations Unies (FUNU II).

Admission of East Germany, West Germany and the Bahamas to the UN, 1973
Admission de l'Allemagne de l'Est, de l'Allemagne de l'Ouest et des Bahamas aux Nations Unies, 1973

UNEF II vehicles crossing the Suez Canal, 1973
Véhicules de la FUNU II traversant le canal de Suez, 1973

UNDOF on patrol in the Golan Heights, 1974
Patrouille de la FNUOD sur les Hauteurs du Golan, 1974

**1974**

**1 January**
Commission on Transnational Corporations (UNCTC) established. Meeting annually, UNCTC promotes the exchange of views and conducts studies and research on the activities of transnational corporations.

**1er janvier**
Création de la Commission des sociétés transnationales (UNCTC). La Commission, qui se réunit annuellement, promeut les échanges de vues et effectue des études et des recherches sur les activités des sociétés transnationales.

**18 January**
Egypt-Israel agreement on disengagement of forces signed at kilometer 101 on Cairo-Suez road.

**18 janvier**
L'accord égypto-israélien sur le dégagement des forces armées est signé par les parties au kilomètre 101 de la route du Caire à Suez.

**31 May**
UN Disengagement Observer Force (UNDOF) set up on Israel-Syria border.

**31 mai**
Mise en place de la Force des Nations Unies chargée d'observer le dégagement (FNUOD) sur la frontière d'Israël et de la Syrie.

**13-21 November**
General Assembly holds debate on the "Question of Palestine"; recognizes the Palestine Liberation Organization (PLO) as the people's sole legitimate representative.

**13-21 novembre**
L'Assemblée générale débat de la «question palestinienne»; elle reconnaît l'Organisation de libération de la Palestine comme seul représentant légitime du peuple palestinien.

**17 December**
World Food Council (WFC) established. WFC annually reviews major problems and policy issues affecting the world food situation, encourages the adoption of national food strategies and promotes world food security.

**17 décembre**
Etablissement du Conseil mondial de l'alimentation (WFC). Le WFC se réunit annuellement pour examiner les grands problèmes et les questions de politiques ayant un impact sur la situation alimentaire mondiale; il encourage l'adoption de stratégies nationales et oeuvre en faveur de la sécurité alimentaire mondiale.

World Intellectual Property Organization (WIPO) becomes a UN specialized agency. WIPO promotes the protection of intellectual property and cooperation among States to enforce agreements on such matters as copyright, trademarks, industrial design and patents.

L'Organisation mondiale de la propriété intellectuelle (OMPI) devient une institution spécialisée des Nations Unies. L'OMPI promeut la protection de la propriété intellectuelle et la coopération entre les Etats pour assurer l'application des accords en vigueur sur les questions des droits d'auteur, des marques de commerce, des dessins et des brevets industriels.

Yasir Arafat addressing the General Assembly, 13 November 1974
Allocution de Yasir Arafat à l'Assemblée générale, 13 novembre 1974

In the early 1970s, a prolonged drought devastated the Sahelian region of sub-Saharan Africa, bringing famine and malnutrition to 10 million people. The Food and Agriculture Organization of the United Nations (FAO) set up relief stations, distributed food and water and provided training and equipment to drill new wells (second overleaf). Despite these efforts, much of the population of Upper Volta (now Burkina Faso), the most severely affected region, fled to Nigeria, Ghana and the Ivory Coast. This small Nigerian boy, weary and careworn, seems to epitomize the suffering—and resignation—of the people of these regions (overleaves).

Au début des années 70, une sécheresse prolongée eut pour effet de dévaster la région sahélienne de l'Afrique subsaharienne, imposant famine et malnutrition à 10 millions d'habitants. L'Organisation des Nations Unies pour l'alimentation et l'agriculture (FAO) établit des postes de secours, distribuant nourriture et eau, et fournit une formation et du matériel pour forer de nouveaux puits (ci-après, 2e page). En dépit de ces efforts, une grande partie de la population de la Haute-Volta (actuel Burkina Faso), région la plus gravement touchée, se réfugia au Nigéria, au Ghana et en Côte d'Ivoire. Ce jeune Nigérian, épuisé et découragé, symbolise les souffrances et la résignation des populations de la région (pages suivantes).

A nomadic boy and his few goats in Teggida N'Adrar, Northern Niger, share the artesian water from a new well drilled by a UN team. Even the extensive campaigns by the UN, which attempted to provide access to water in as many areas as possible, could not prevent the drought from decimating the livestock vital to nomadic inhabitants.

Ce jeune nomade et ses quelques chèvres partagent l'eau provenant d'un nouveau puits artésien foré par une équipe des Nations Unies. Les vastes efforts déployés par les Nations Unies pour tenter d'accroître l'accès à l'eau dans le plus grand nombre possible de régions n'ont pas suffi à éviter la décimation des troupeaux dont les populations nomades dépendent pour subsister.

Much of the world's cultural heritage is deteriorating and in danger of disappearing because of factors as diverse as pollution and simple indifference. The United Nations Educational, Scientific and Cultural Organization (UNESCO) assists Member States to preserve their cultural and historical treasures. Its campaigns to safeguard sites extend around the world, from the city of Venice and the Acropolis in Athens, to the Angkor Wat temple in Cambodia (overleaf).

De nombreux monuments et sites du patrimoine culturel mondial se détériorent et risquent de disparaître sous l'effet de phénomènes aussi divers que la pollution et la simple indifférence. L'Organisation des Nations Unies pour l'éducation, la science et la culture (UNESCO) aide les Etats Membres à préserver leurs trésors culturels et historiques. Sa campagne de sauvegarde des sites du patrimoine de l'humanité s'étend à toute la planète, depuis la ville de Venise et l'Acropole à Athènes jusqu'au temple d'Angkor Vat au Cambodge (page suivante).

When the monuments of Nubia in Egypt were threatened by flooding from the Aswan Dam, UN Member States through UNESCO provided $30 million to transport the monuments to higher ground. The temple of Tzajan, unable to be moved, now stands flooded in the Nile River. Ancient monuments in 81 countries have been protected through UNESCO's efforts, including some of the earliest multi-storey buildings ever constructed, in Oman (overleaf).

Lorsque les monuments de la Nubie (Haute Egypte) ont été menacés par la montée des eaux du barrage d'Assouan, les Etats Membres des Nations Unies ont octroyé par l'intermédiaire de l'UNESCO 30 millions de dollars E.U. pour les déplacer hors de portée des eaux. Le temple de Tzajan, qui n'a pas pu être transporté, a été englouti par les eaux du Nil. Les monuments historiques de 81 pays ont bénéficié des efforts de protection de l'UNESCO; parmi eux, certains des tout premiers bâtiments à plusieurs étages de l'Oman (page suivante).

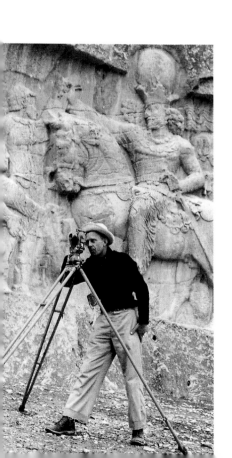

The United Nations has organized global relief efforts following floods, earthquakes, hurricanes and other natural disasters. Established in 1971, the Office of the United Nations Disaster Relief Coordinator (UNDRO) has mobilized disaster aid and prevention. For instance, UNDRO sent vulcanologists to monitor eruptions of Mt. Irazu and to help Costa Rica contain damage to villages, livestock and vegetation (overleaf). In 1992, the work of UNDRO was assumed by the Department of Humanitarian Affairs.

Les Nations Unies ont organisé des activités de secours dans le monde entier à la suite d'inondations, tremblements de terre, ouragans et autres catastrophes naturelles. Etabli en 1971, le Bureau du Coordonnateur des Nations Unies pour les secours en cas de catastrophe (UNDRO) a mobilisé l'aide et financé des programmes de planification préalable et de prévention des catastrophes. C'est ainsi qu'il a dépêché des vulcanologues pour surveiller les éruptions du Mont Irazu et pour aider les Costa-Riciens à limiter les dégâts infligés aux villages, au bétail et à la végétation (page suivante). En 1992, les tâches de l'UNDRO ont été confiées au Département des affaires humanitaires des Nations Unies.

The Department of Humanitarian Affairs (DHA) was established to more effectively coordinate the emergency humanitarian assistance provided through UN agencies and programmes. At left, Operation Lifeline Sudan distributes grain to a drought-afflicted area, and UNHCR trucks in drinkable water for Bangladesh flood victims. The UN stresses the importance of implementing early-warning procedures and preventive measures, which can save lives.

Le Département des affaires humanitaires (DAH) des Nations Unies a été institué pour coordonner de manière plus efficace l'aide humanitaire fournie par les organismes et les programmes de l'Organisation. A gauche, l'Opération survie au Soudan distribue des céréales dans une région frappée par la sécheresse et les camions du HCR approvisionnent en eau potable les victimes des inondations au Bangladesh. Les Nations Unies soulignent l'importance des dispositifs d'alerte précoce et des mesures de prévention, qui peuvent sauver de nombreuses vies.

After the six-day Middle East war in 1967, Israel occupied the Sinai and Gaza Strip, the West Bank of the Jordan River and the Golan Heights in Syria. The destruction of the Allenby Bridge made the crossing arduous for Palestinians seeking haven in Jordan. When war broke out again in 1973, the UN deployed the United Nations Disengagement Observer Force (UNDOF) to patrol the Golan Heights. In a historic meeting at kilometer 101 on the Cairo-Suez road, Israeli and Egyptian military representatives met under UN aegis to implement an agreement on disengaging their troops. When Israeli prisoners-of-war were repatriated to Tel Aviv, they received a tumultuous welcome (overleaf).

Après la guerre des six jours au Moyen-Orient, Israël occupa le Sinaï et la Bande de Gaza, la Rive occidentale du Jourdain et les Hauteurs du Golan syrien. La destruction du pont d'Allenby rendit le passage difficile aux Palestiniens qui cherchaient refuge en Jordanie. En 1973, à la reprise des hostilités, la Force des Nations Unies chargée d'observer le dégagement (FNUOD) fut déployée sur les Hauteurs du Golan. Lors d'une rencontre historique au kilomètre 101 de la route du Caire à Suez, organisée sous l'égide des Nations Unies, les représentants des forces armées israéliennes et égyptiennes signèrent un accord de dégagement de leurs troupes. Les prisonniers de guerre israéliens libérés, de retour à Tel Aviv, furent accueillis dans la liesse générale (page suivante).

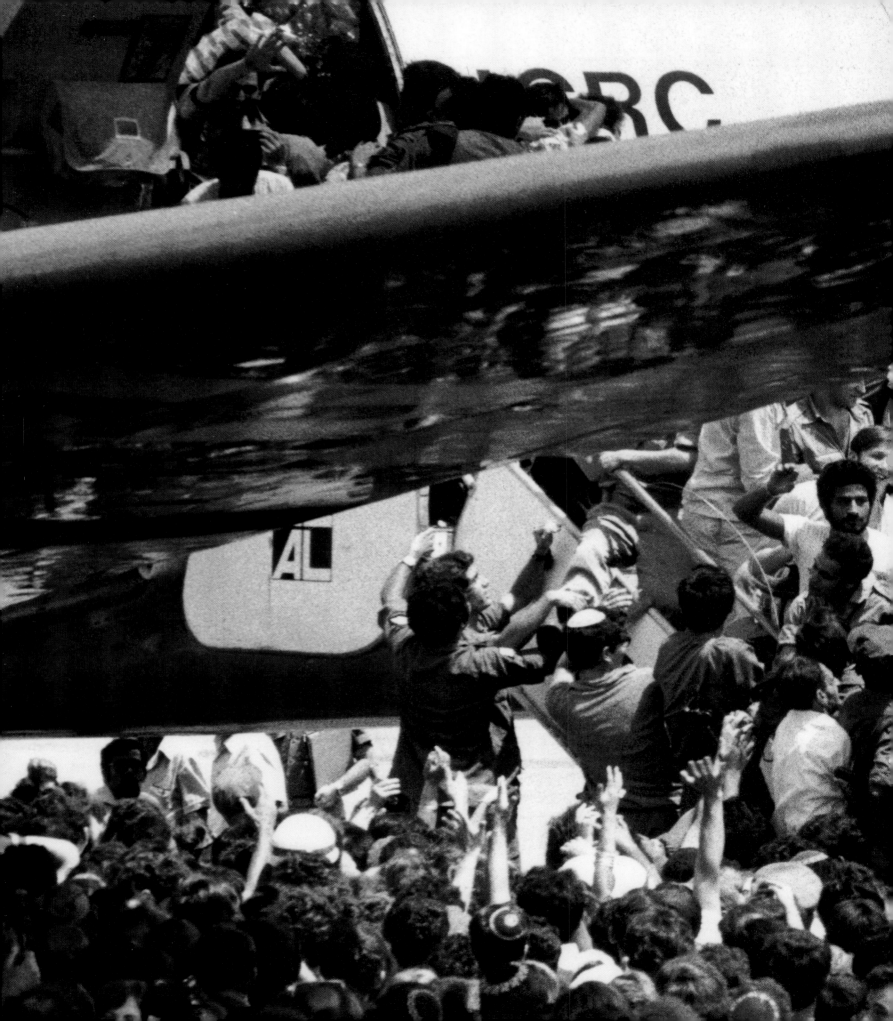

Combating unemployment and poverty has been a central concern of the International Labour Organization (ILO) since its founding in 1919. The ILO's mandate includes assisting countries to set up vocational training programmes to broaden the skills of local artisans. The United Nations Development Programme (UNDP) helps by providing expert assistance and updated technology. Here, a student at the UN-funded Rural Artisan Training Centre in Senegal throws a water pitcher on a potter's wheel.

La lutte contre le chômage et la pauvreté est la préoccupation essentielle de l'Organisation internationale du Travail (OIT) depuis sa fondation en 1919. Dans le cadre de sa mission, l'OIT aide les pays à organiser des programmes de formation professionnelle afin d'accroître les capacités des artisans locaux. Le Programme des Nations Unies pour le développement (PNUD) contribue aux travaux de l'OIT par la mise à disposition d'experts et en fournissant une assistance technique évoluée. Ici, un stagiaire du Centre de formation de l'artisanat rural au Sénégal confectionne une cruche sur un tour de pottier.

The dignity and worth of labour and the right to work 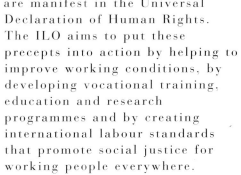 are manifest in the Universal Declaration of Human Rights. The ILO aims to put these precepts into action by helping to improve working conditions, by developing vocational training, education and research programmes and by creating international labour standards that promote social justice for working people everywhere.

La dignité et la valeur du travail et le droit au travail sont proclamés dans la Déclaration universelle des droits de l'homme. L'OIT vise à assurer l'application de ces principes en contribuant à améliorer les conditions de travail, à développer la formation professionnelle, l'éducation et les programmes de recherche, et en élaborant des normes internationales du travail qui promeuvent la justice sociale pour tous les travailleurs.

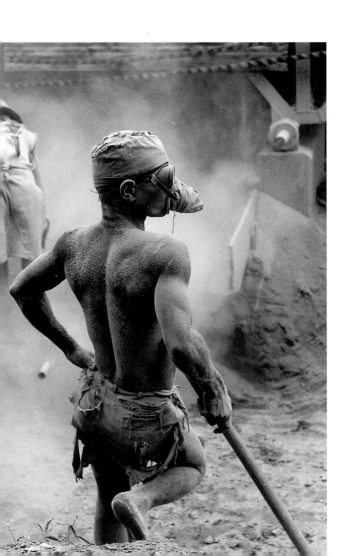

More than 80 million children under 15 years old are at work in the world today. The International Labour Organization acts as advocate for vulnerable and easily exploited groups including women and children, migrant workers and casual labourers.

Dans le monde entier, plus de 80 millions d'enfants de moins de 15 ans travaillent.
L'Organisation internationale du Travail agit pour la défense des groupes vulnérables et facilement exploités que sont les femmes, les enfants, les travailleurs migrants et les travailleurs occasionnels.

As part of its advocacy of international labour safety standards, the ILO encourages the installation of first-aid stations at many work sites (overleaf). It also helps to protect workers, such as this miner, through industrial safety rules governing work hours and conditions, workplace inspections, worker's insurance and compensation, and health care.

Dans le cadre de ses activités de promotion des normes internationales de sécurité du travail, l'OIT encourage l'installation de stations de premiers soins dans de nombreux lieux de travail (page suivante). Elle contribue également à la protection des travailleurs, tels que ce mineur, grâce à des règles de sécurité industrielle qui déterminent les heures et les conditions de travail, imposent des inspections des lieux de travail, et prévoient des régimes d'assurance et de soins de santé.

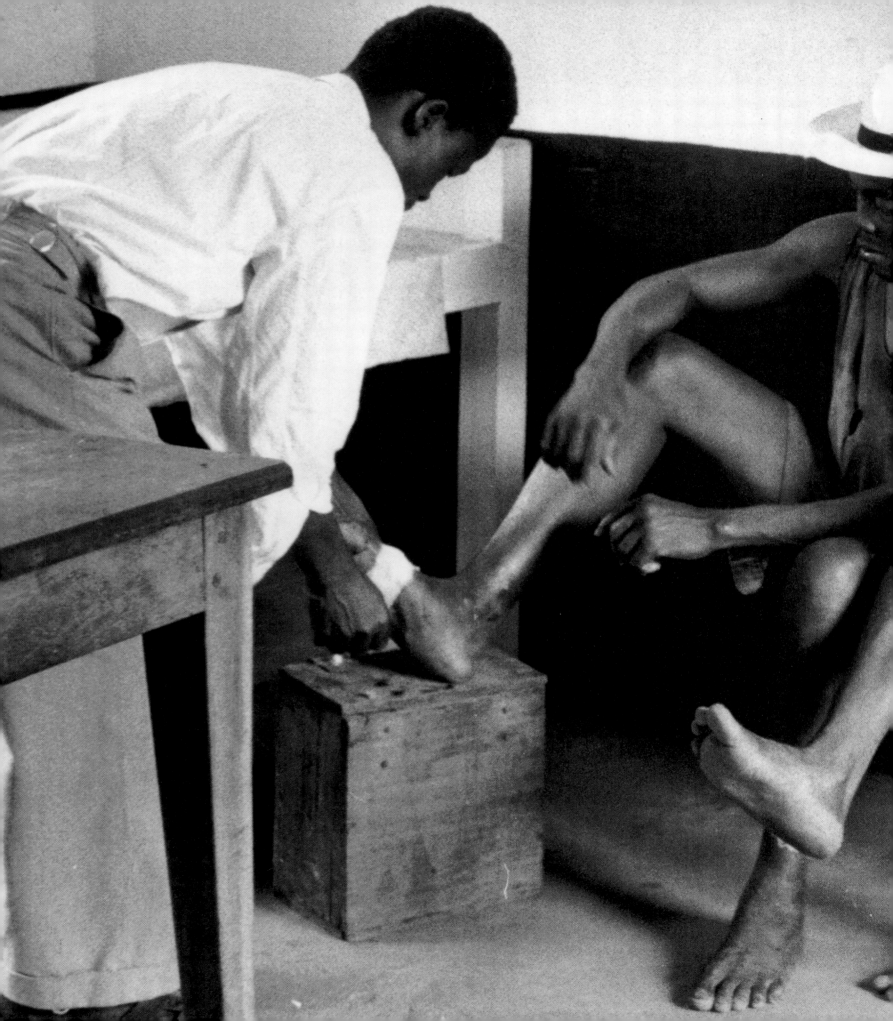

## 1975

**20 January**
United Nations University (UNU) inaugurated in Tokyo. Jointly sponsored by the UN and UNESCO, UNU operates, without faculty and degree students, through associated institutions, research units and scholars to help solve global problems of human survival, development and welfare through science and technology.

**20 Janvier**
Fondation de l'Université des Nations Unies (UNU) à Tokyo, sous l'égide de l'ONU et de l'UNESCO. L'UNU n'a pas de corps enseignant qui lui est propre et ne délivre pas de diplômes. Elle fait appel à des institutions, à des centres de recherche et à des spécialistes extérieurs pour contribuer, par le biais de la science et de la technologie, à résoudre les problèmes mondiaux de la survie, du développement et du bien-être humains.

**26 March**
Convention enacted on the Prohibition of the Development, Production and Stockpiling of Bacteriological (Biological) and Toxic Weapons and on Their Destruction.

**26 mars**
Entrée en vigueur de la Convention sur l'interdiction de la mise au point, de la fabrication et du stockage des armes bactériologiques (biologiques) ou à toxines et sur leur destruction.

**19 June-2 July**
World Conference of International Women's Year held in Mexico City; adopts World Plan of Action for the Advancement of Women and the Declaration of Mexico on the Equality of Women. General Assembly proclaims UN Decade for Women (1976-1985).

**19 juin-2 juillet**
Conférence mondiale de l'Année internationale de la femme, à Mexico. La Conférence adopte le Plan d'action mondial en vue de la réalisation des objectifs de l'Année internationale de la femme et la Déclaration de Mexico sur l'égalité des femmes. L'Assemblée générale proclame la Décennie des Nations Unies pour la femme (1976-1985).

**25 June**
Portugal grants independence to former African colony of Mozambique.

**25 juin**
Le Portugal accorde l'indépendance à son ancienne colonie africaine du Mozambique.

**16 September**
Former Trust Territory of Papua New Guinea becomes an independent sovereign State.

**16 septembre**
L'ancien territoire sous tutelle de Papouasie-Nouvelle-Guinée devient un Etat souverain indépendant.

**22 October**
Secretary-General requested to negotiate with Spain, Morocco, Mauritania and Algeria regarding Western Sahara.

**22 octobre**
Le Secrétaire général est prié d'entreprendre des négociations avec l'Espagne, le Maroc et la Mauritanie sur la question du Sahara occidental.

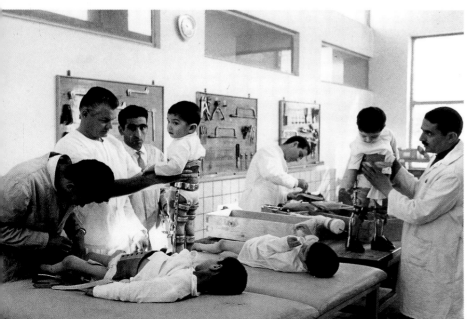

The General Assembly adopted the Declaration on the Rights of the Disabled in 1975

L'Assemblée générale a adopté la Déclaration des droits des personnes handicapées en 1975

11 November
Portugal grants independence to former African colony of Angola.

11 novembre
Le Portugal accorde l'indépendance à son ancienne colonie africaine de l'Angola.

19 November
Secretary-General reports that Spain agreed to terminate its control of Western Sahara by 1 February 1976, and prior to then Mauritania, Morocco and Spain would jointly administer the area.

19 novembre
Le Secrétaire général fait savoir que l'Espagne a consenti de mettre fin à son contrôle du Sahara occidental au 1er février 1976 et que le Maroc, la Mauritanie et l'Espagne administreront conjointement ce territoire jusqu'à cette date.

21 November
General Assembly demands that the illegal regime of Southern Rhodesia cease the repression of Africans, release all political prisoners and end the execution of freedom fighters.

21 novembre
L'Assemblée générale demande que le régime illégal de la Rhodésie du Sud cesse d'exercer des répressions à l'encontre des Africains, libère tous les prisonniers politiques et mette un terme aux exécutions des combattants de la liberté.

9 December
General Assembly adopts Declaration on the Protection of All Persons from Being Subjected to Torture and Other Cruel, Inhuman or Degrading Treatment or Punishment.

9 décembre
L'Assemblée générale adopte la Déclaration de la protection de toutes les personnes contre la torture et autres peines ou traitements cruels, inhumains ou dégradants.

General Assembly adopts Declaration on the Rights of Disabled Persons.

L'Assemblée générale adopte la Déclaration des droits des personnes handicapées.

Political demonstrator, Western Sahara, 1975
Manifestant au Sahara occidental, 1975

# 1976

1976

8 January
Creation of the Committee
on the Elimination of
Racial Discrimination.

8 janvier
Création du Comité pour
l'élimination de la discrimination raciale.

16 February
15 Mediterranean States
under UNEP auspices sign
Anti-Pollution Convention
to Protect the
Mediterranean Sea.

16 février
Sous l'égide du Programme
des Nations Unies pour
l'environnement (PNUE),
15 pays méditerranéens
signent la Convention pour
la protection de la mer
Méditerranée contre la
pollution.

31 May-11 June
UN Conference on Human
Settlements (Habitat), held
in Vancouver, recommends
international action assur-
ing basic requirements of
human habitation—shelter,
clean water, sanitation and
a decent physical
environment, as well as the
opportunity for cultural
growth and development of
the individual.

31 mai-11 juin
La Conférence des Nations
Unies sur les établissements
humains (Habitat),
réunie à Vancouver,
recommande une action
internationale pour assurer
des normes minimales en
matière d'habitation: abri,
eau propre, assainissement
et un cadre de vie décent,
ainsi que des conditions
favorables à l'épanouisse-
ment culturel de l'individu.

15 September
Convention on Registration
of Objects Launched into
Outer Space enters into
force.

15 septembre
Entrée en vigueur de la
Convention sur l'immatric-

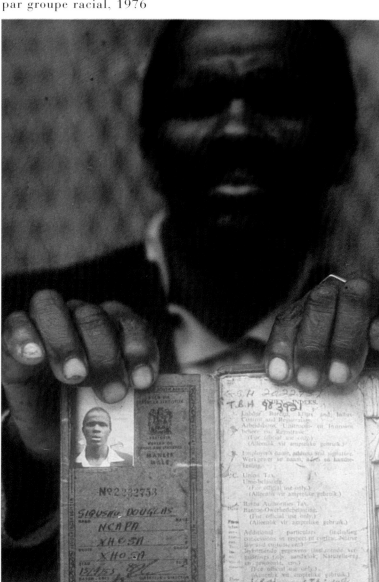

A geothermal plant in Italy follows guidelines set by the Anti-Pollution Convention to Protect the Mediterranean Sea, 1976
Centrale géothermique construite en Italie, conforme aux directives de la Convention pour la protection de la mer Méditerranée contre la pollution, 1976

ulation des objets lancés dans l'espace extra-atmosphérique.

8 December
Kurt Waldheim reappointed as UN Secretary-General for a second 5-year term.

8 décembre
Kurt Waldheim est nommé Secrétaire général des Nations Unies pour un second mandat de 5 ans.

1977
4 November
Security Council imposes a mandatory arms embargo against South Africa.

4 novembre
Le Conseil de sécurité impose un embargo sur les envois d'armes à l'Afrique du Sud.

15 December
International Fund for Agricultural Development (IFAD) established as a specialized agency. IFAD mobilizes funds for agricultural programmes directly benefiting poor rural populations.

15 décembre
Etablissement du Fonds international de développement agricole (FIDA) en tant qu'institution spécialisée des Nations Unies. Le FIDA mobilise des fonds pour appuyer des programmes mis en oeuvre dans le secteur agricole pour le bénéfice immédiat des populations rurales pauvres.

UNIFIL Chief of Staff and French Commander, Lebanon 1978
Chef d'état major de la FINUL et Commandant français, Liban, 1978

## 1978

**19 March**
UN Interim Force in Lebanon (UNIFIL) established to confirm Israeli military withdrawal and to restore peace and security to the area.

**19 mars**
Formation de la Force intérimaire des Nations Unies au Liban (FINUL) pour vérifier le retrait des troupes israéliennes et rétablir la paix et la sécurité dans la région.

**6 May**
Security Council demands all South African forces withdraw from Angola.

**6 mai**
Le Conseil de sécurité exige le retrait de toutes les forces sud-africaines de l'Angola.

**30 August-21 September**
UN Conference on Technical Cooperation among Developing Countries, held in Buenos Aires, aims to promote bilateral and multilateral development projects in developing and developed regions.

**30 août-21 septembre**
La Conférence des Nations Unies sur la coopération technique entre pays en développement se réunit à Buenos Aires. Elle vise à promouvoir les projets de développement bilatéraux et multilatéraux dans les régions en développement et développées.

**5 October**
Convention on the Prohibition of Military or Any Other Hostile Use of Environmental Modification Techniques (ENMOD) enters into force, prohibiting use of techniques that would have widespread, long-lasting or severe effects through deliberate manipulation of natural processes, and cause such phenomena as earthquakes, tidal waves and changes in climate and weather patterns.

**5 octobre**
Entrée en vigueur de la Convention sur l'interdiction d'utiliser des techniques de modification de l'environnement à des fins militaires ou à toutes autres fins hostiles. La Convention dite ENMOD interdit l'utilisation de techniques susceptibles d'avoir des répercussions de vaste portée, durables ou graves, consistant en des manipulations délibérées des processus naturels causant des phénomènes tels que tremblements de terre, raz de marée, des forçages climatiques et des modifications des phénomènes météorologiques.

UN project to dig new canals to imp living conditions, as encouraged by Habitat, Afghanistan, 1976

Projet d'aménagement de canaux pour améliorer les conditions de vie conformément aux objectifs d'Habitat, mis en oeuvre par les Nations Unies en Afghanistan, 1976

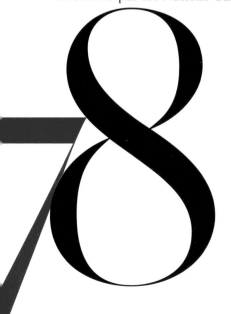

9-13 October
UN Disarmament Commission formed from all UN Member States.

9-13 octobre
Création de la Commission du désarmement formée de tous les Etats Membres des Nations Unies.

12 October
UN Centre for Human Settlements (Habitat) established in Nairobi, Kenya. The Centre's primary goals are to improve shelter for the poor globally and to coordinate UN human settlement activities.

12 octobre
Etablissement du Centre des Nations Unies pour les établissements humains (Habitat) à Nairobi (Kenya). Le Centre a pour objectifs principaux la fourniture de logements aux pauvres du monde entier et la coordination des activités des Nations Unies dans le domaine des établissements humains.

16 October-11 November
UN Conference on an International Code of Conduct on the Transfer of Technology, held in Geneva, aims to promote the transfer of technical knowledge to developing countries, with a view to strengthening their technological capacity for industrial development.

16 octobre-11 novembre
La Conférence des Nations Unies chargée d'élaborer un code international de conduite pour le transfert de technologie, réunie à Genève, vise à promouvoir le transfert de connaissances techniques aux pays en développement aux fins de renforcer leurs capacités techniques et de favoriser leur développement industriel.

21 December
General Assembly calls for trade, oil and arms embargoes against South Africa for its illegal occupation of Namibia.

21 décembre
L'Assemblée générale demande aux Etats Membres d'imposer un embargo sur les échanges commerciaux, le pétrole et les armes à destination de l'Afrique du Sud en raison de son occupation illégale de la Namibie.

22 December
South Africa agrees to cooperate with the UN Plan for Namibian Independence, but rejects a cease-fire, one of the Plan's conditions.

22 décembre
L'Afrique du Sud accepte de se conformer au Plan des Nations Unies pour l'indépendance de la Namibie, mais refuse le cessez-le-feu qui figure parmi les conditions du Plan.

## 1979

**15 January**
USSR vetoes a Security Council draft resolution calling on all foreign forces in Democratic Kampuchea to observe an immediate cease-fire, to cease hostilities and to withdraw from the country.

**15 janvier**
L'URSS oppose son veto à un projet de résolution du Conseil de sécurité demandant à toutes les forces étrangères présentes au Kampuchea démocratique d'observer un cessez-le-feu immédiat, de cesser les hostilités et de se retirer du pays.

**28 March**
Security Council condemns South Africa for its invasion of Angola.

**28 mars**
Le Conseil de sécurité condamne l'Afrique du Sud pour son invasion de l'Angola.

**18 April**
De facto forces in southern Lebanon carry out an unprovoked assault on UNIFIL's Naqama headquarters.

Pope John Paul II addresses the 34th General Assembly, 2 October 1979
Allocution du pape Jean Paul II à la 34e Assemblée générale, 2 octobre 1979

**18 avril**
Des forces de facto lancent une attaque sans provocation contre le quartier général de la FINUL à Naqama, dans le Sud du Liban.

**2 October**
Pope John Paul II addresses the 34th General Assembly.

**2 octobre**
Allocution du pape Jean Paul II à la 34e Assemblée générale.

**18 December**
General Assembly adopts International Convention on the Elimination of All Forms of Discrimination Against Women.

**18 décembre**
L'Assemblée générale adopte la Convention sur l'élimination de toutes les formes de discrimination à l'égard des femmes.

**21 December**
UK assumes authority over Southern Rhodesia; Security Council calls on Member States to terminate 1966 and 1976 sanctions instituted against Southern Rhodesia.

**21 décembre**
Le Royaume-Uni assume l'autorité sur la Rhodésie du Sud; le Conseil de sécurité demande à tous les Etats Membres de mettre fin aux sanctions imposées en 1966 et 1976 contre la Rhodésie du Sud.

## 1980

**10 January**
General Assembly deplores recent Soviet armed intervention in Afghanistan and calls for the withdrawal of foreign troops.

**10 janvier**
L'Assemblée générale déplore la récente intervention des forces armées soviétiques en Afghanistan et demande le retrait des troupes étrangères.

**8 May**
World Health Organization (WHO) officially declares the eradication of smallpox, three years after the last reported case.

**8 mai**
L'Organisation mondiale de la santé (OMS) proclame officiellement l'éradication de la variole, trois ans après le rapport faisant état du dernier cas.

**14-30 July**
World Conference of the United Nations Decade for Women, held in Copenhagen, adopts a Programme of Action to promote the status of women through the second half of the UN Decade for Women (1976-1985).

**14-30 juillet**
La Conférence mondiale de la Décennie des Nations Unies pour la femme, réunie à Copenhague, adopte un Programme d'action pour la promotion de la condition féminine durant la deuxième moitié de la Décennie (1976-1985).

**25 August**
Zimbabwe (formerly Southern Rhodesia) gains independence, and is admitted to the UN as its 153rd Member.

**25 août**
Le Zimbabwe, ancienne Rhodésie du Sud, accède à l'indépendance et est admis en tant que 153e Etat Membre des Nations Unies.

**28 September**
Security Council calls upon Iran and Iraq to cease hostilities and to settle their dispute over Abadan and the Shatt al Arab waterway by peaceful means.

**28 septembre**
Le Conseil de sécurité demande à l'Iran et à l'Iraq de cesser les hostilités et de régler leur différend concernant Abadan et le Chatt al-Arab par des voies pacifiques.

**11 November**
General Assembly urges Morocco to terminate its occupation of Western Sahara.

**11 novembre**
L'Assemblée générale prie instamment le Maroc de mettre un terme à son occupation du Sahara occidental.

WHO vaccination campaigns eliminated smallpox by 1980
Les campagnes de vaccination de l'OMS ont mené à l'éradication de la variole en 1980

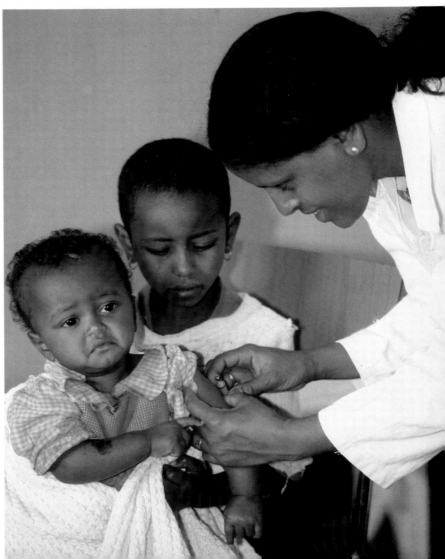

UNHCR received the Nobel Peace Prize in 1981

Secretary-General Javier Pérez de Cuéllar (1982-1992)
Le Secrétaire général Javier Pérez de Cuéllar (1982-1992)

## 1981

**7-14 January**
UN-sponsored conference between South Africa and the South West Africa People's Organization (SWAPO) ends without a cease-fire agreement, as South Africa attaches new conditions linking Namibian independence with Cuban troop withdrawal from Angola.

**7-14 janvier**
Une conférence organisée sous l'égide des Nations Unies entre l'Afrique du Sud et l'Organisation populaire d'Afrique du Sud-Ouest (SWAPO) ne parvient pas à établir un cessez-le-feu, en raison de nouvelles exigences de l'Afrique du Sud qui impose comme condition de l'indépendance de la Namibie le départ des troupes cubaines de l'Angola.

**1 February**
Secretary-General appoints a Personal Representative to negotiate a settlement in Afghanistan; 8 years of intensive efforts follow.

**1er février**
Le Secrétaire général nomme un représentant personnel chargé de négocier le règlement du conflit en Afghanistan; ceci marque le début de 8 ans d'efforts intensifs.

HCR a reçu le Prix Nobel de la Paix en 1981

**19 June**
Security Council condemns air attacks by Israel against Iraq's nuclear installations.

**19 juin**
Le Conseil de sécurité condamne les attaques aériennes d'Israël contre les installations nucléaires de l'Iraq.

**1 October**
United Nations Institute for Disarmament Research (UNIDIR) is established. UNIDIR initiates independent research on disarmament and other international security issues.

**1er octobre**
Fondation de l'Institut des Nations Unies pour la recherche sur le désarmement (UNIDIR). L'Institut entreprend des recherches indépendantes sur le désarmement et autres questions de sécurité internationale.

**14 October**
The Office of the United Nations High Commissoner for Refugees (UNHCR) receives the Nobel Peace Prize for its work with millions of refugees worldwide.

**14 octobre**
Le Haut Commissariat des Nations Unies pour les réfugiés (HCR) reçoit le Prix Nobel de la Paix en 1981 pour ses travaux en faveur de millions de réfugiés dans le monde entier.

**25 November**
General Assembly adopts Declaration on Elimination of All Forms of Intolerance and Discrimination Based on Religion or Belief.

**25 novembre**
L'Assemblée générale adopte la Déclaration sur toutes les formes d'intolérance et de discrimination fondées sur la religion ou la conviction.

**15 December**
Javier Pérez de Cuéllar (Peru) appointed UN Secretary-General for a 5-year term.

**15 décembre**
Javier Pérez de Cuéllar (Pérou) est nommé Secrétaire général des Nations Unies pour un mandat de 5 ans.

**17 December**
General Assembly condemns Israel's continued occupation of Palestinian and other Arab territories, including Jerusalem.

**17 décembre**
L'Assemblée générale condamne le maintien de la présence israélienne dans le territoire palestinien et les autres territoires arabes, y compris Jérusalem.

## 1982

**3 April**
Security Council demands immediate withdrawal of Argentine invasion forces from the Falkland Islands (Malvinas).

**3 avril**
Le Conseil de sécurité demande le retrait immédiat des forces d'invasion argentines des îles Falkland (îles Malouines).

**10 December**
New United Nations Convention on the Law of the Sea is signed by 117 States and 2 entities, the largest number of signatures ever affixed to a treaty on its first day.

**10 décembre**
La nouvelle Convention des Nations Unies sur le droit de la mer est signée par 117 Etats et 2 entités, ce qui constitue le plus grand nombre de signatures jamais apposées à un traité le jour de son ouverture à la signature.

**1983**

2 November
General Assembly calls for
immediate withdrawal of
foreign troops from
Grenada.

2 novembre
L'Assemblée générale
demande le retrait immédiat des troupes étrangères de
La Grenade.

**1984**

9 April
Nicaragua files complaint
with International Court of
Justice, demanding cessa-
tion of US military force
against Nicaragua.

9 avril
Le Nicaragua dépose une
plainte devant la Cour
internationale de Justice,
demandant la fin des opérations et le départ du personnel militaire des Etats-
Unis.

10 June
Iran and Iraq accept
Secretary-General's appeal
to refrain from attacking
civilian population centers.

10 juin
L'Iran et l'Iraq accèdent à
la demande du Secrétaire
général de s'abstenir d'atta-
quer les centres de populations civiles.

6-16 August
International Conference on
Population, held in Mexico
City, stresses the need for
an intersectoral approach to
population and develop-
ment; for policies respect-
ing the rights of individu-
als, couples and families;
and an improvement in the
status of women and their
participation in all aspects
of development.

6-16 août
La Conférence internationale sur la population, réunie à Mexico, souligne la nécessité d'une approche multisectorielle en matière de population et de développement, de politiques respectant les droits des personnes, des couples et des familles, et d'une amélioration de la condition des femmes et de leur participation à tous les aspects du développement.

10 December
General Assembly adopts Convention Against Torture obliging signatory States to make torture a crime and to prosecute and punish those guilty of it.

10 décembre
L'Assemblée générale adopte la Convention sur la torture qui oblige les Etats signataires à faire de la torture un crime et à poursuivre et à punir ceux qui s'en rendent coupables.

17 December
Office of Emergency Operations for Africa (OEOA) established to coordinate all UN famine relief efforts.

17 décembre
Etablissement du Bureau des Nations Unies pour les opérations d'urgence en Afrique (BOUA), chargé de coordonner tous les efforts des Nations Unies et de la fourniture de secours dans les situations de famine.

Famine relief camp in Ethiopia coordinated by OEOA, 1984
Camp de secours d'urgence en Ethiopie dans le cadre de la lutte contre la famine coordonnée par le BOUA, 1984

Population activities include WHO family planning project in Egypt
Les activités dans le domaine de la population comprennent un projet de planification familiale de l'OMS en Egypte

163

Growing concern for the environment led to the establishment in 1972 of the United Nations Environment Programme (UNEP), with headquarters in Nairobi, Kenya. UNEP has helped to develop global treaties to protect the ozone layer, formed a Regional Seas Programme to clean up polluted seas and initiated programmes to combat desertification and conserve soil, wildlife and forests.

Les préoccupations croissantes inspirées par l'environnement motivèrent la création du Programme des Nations Unies pour l'environnement (PNUD) dont le siège est à Nairobi (Kenya). Le PNUE a participé à l'élaboration de traités internationaux pour la protection de la couche d'ozone, a établi un Programme pour les mers régionales, et a instauré des programmes pour lutter contre la désertification et le déboisement et pour conserver les sols, la faune et la flore sauvages.

Since 1971, Man and the Biosphere Programme, sponsored by UNESCO, has designated more than 300 sites in 80 countries as environmental preserves in which such endangered species as the Bengal white tiger, the black rhinoceros and the Micronesian kingfisher are protected. Concern for the world's endangered species was reaffirmed by the UN Conference on Environment and Development (Earth Summit) in 1992, as part of Agenda 21, a new global partnership for sustainable development and environmental protection.

Depuis 1971, le Programme sur l'homme et de la biosphère, parrainé par l'UNESCO, a désigné plus de 300 sites dans 80 pays comme réserves écologiques dans lesquelles les espèces menacées de disparition, telles que le tigre blanc du Bengale, le rhinocéros noir et le martin-pêcheur micronésien, sont protégées. Les préoccupations pour les espèces en voie de disparition dans le monde entier ont été réaffirmées par la Conférence des Nations Unies pour l'environnement et le développement (Sommet planète Terre) de 1992, qui a instauré le programme Action 21 en tant que cadre d'un nouveau partenariat mondial pour le développement durable et la protection de l'environnement.

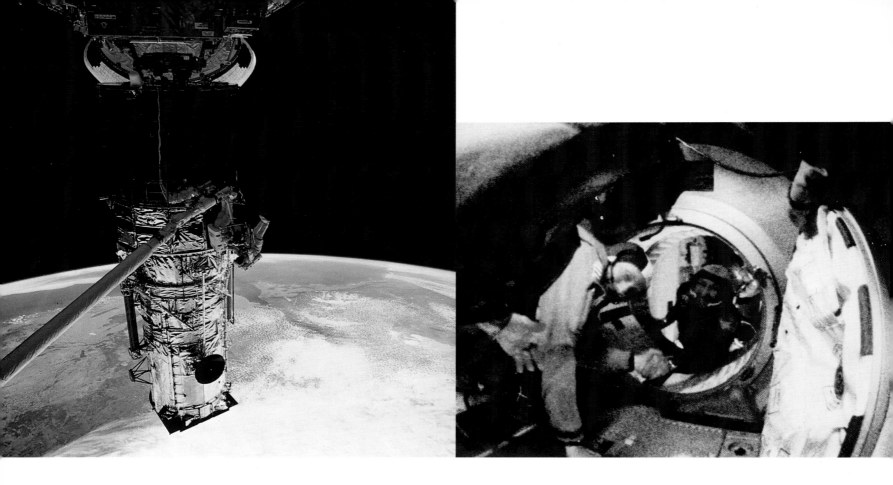

The launching of Sputnik, the first man-made satellite, by the Soviet Union in 1957 electrified the world and galvanized the international scientific community. In 1959, the General Assembly set up the Committee on the Peaceful Uses of Outer Space. Epitomizing such "peaceful uses" is the Hubble Space Telescope, here being repaired by American astronauts (above left). Above right, US astronauts and Soviet cosmonauts dock in Earth orbit mission, a "giant step" in international cooperation in outer space.

Le lancement par l'Union soviétique de Spoutnik, premier satellite artificiel, en 1957 enthousiasma le monde et galvanisa la communauté scientifique internationale. En 1959, l'Assemblée générale institua le Comité des utilisations pacifiques de l'espace extra-atmosphérique. Le téléscope spatial Hubbel (ci-dessus à gauche), que réparent ici des astronautes américains, offre un parfait exemple de telles utilisations pacifiques. Ci-dessus à droite, astronautes américains et cosmonautes soviétiques se rencontrent après amarrage de leurs véhicules spatiaux en orbite circumterrestre, pas de géant de la coopération internationale dans l'exploration de l'espace.

The world's population is now more than 5 billion and is projected to reach 10 billion by 2050. In 1982, the population of the People's Republic of China, which totals nearly a quarter of the human race, was counted in its first modern census. The UN Development Programme (UNDP) assisted in this massive undertaking by providing funds to purchase computers for the count, through the UN Fund for Population Activities (UNFPA). Counting China's population took the census takers to the farthest reaches of their country, even onto this log raft on the Min River in Szechuan Province (overleaf).

La population du monde dépasse aujourd'hui 5 milliards d'habitants et doit atteindre 10 milliards en 2050. En 1982, la population de la République populaire de Chine, qui représente près du quart de la population du globe, a été recensée pour la première fois selon des méthodes modernes. Le Programme des Nations Unies pour le développement (PNUD) a apporté son aide à cette gigantesque entreprise en fournissant des fonds pour l'achat d'ordinateurs par l'intermédiaire du Fonds des Nations Unies pour les activités en matière de population (FNUAP). Les opérations de recensement s'étendirent comme il se doit jusqu'aux régions les plus difficilement accessibles du pays, par divers moyens de transport, y compris par radeau de rondins comme l'illustre cette vue de la rivière Min dans la province de Szechwan (page suivante).

One of the United Nations' earliest—and most enduring—mandates is the protection of refugees. In 1946, the International Refugee Organization (IRO) was established to replace UNRRA, and in 1951, the Office of the UN High Commissioner for Refugees (UNHCR) superseded the IRO. UNHCR aims to resettle—and provide relief to—as many as possible of the more than 23 million refugees around the globe. It has twice been awarded the Nobel Peace Prize, in 1954 and 1981.

L'un des premiers mandats de l'Organisation des Nations Unies, qui conserve toute son actualité, est la protection des réfugiés. L'Organisation internationale pour les réfugiés (OIR) succéda à l'UNRRA en 1946, puis fut elle-même remplacée par le Haut Commissariat des Nations Unies pour les réfugiés (HCR) en 1951. Le Haut Commissariat s'efforce de fournir des secours et d'assurer la réinstallation du plus grand nombre possible des quelque 23 millions de réfugiés du monde. Ses efforts lui ont valu le Prix Nobel de la Paix en 1954 et en 1981.

Natural catastrophes such as drought and famine as well as war have intensified UNHCR's efforts in the developing world. In Rwanda in 1994, internal civil conflict caused an unprecedented exodus of hundreds of thousands of its citizens seeking safe haven in neighbouring States. It was to become one of the most massive—and tragic—movements of refugees in United Nations history. The entire episode resulted in extraordinary loss of life.

Les catastrophes naturelles, telles les sécheresses et les famines, ainsi que les guerres ont amené le HCR à intensifier ses efforts dans le monde en développement. Au Rwanda, en 1994, la guerre civile provoqua la fuite de centaines de milliers de ressortissants du pays qui cherchèrent refuge dans les pays voisins. Cet exode de population fut le plus massif de toute l'histoire des Nations Unies, le plus tragique aussi, causant d'effroyables pertes de vies humaines.

Refugees often need special skills to facilitate their integration into a new homeland. As part of its assistance, UNHCR trains refugees, such as this man learning carpentry in Somalia (right); and these "boat people," refugees from the Vietnamese conflict, here receiving language training in Indonesia (above right).

La réinsertion des réfugiés dans leur nouveau pays exige souvent l'acquisition de nouvelles aptitudes. Dans le cadre de ses activités, le HCR dispense des programmes de formation divers, tels que cet atelier d'apprentissage de la menuiserie en Somalie (ci-contre) et les cours de langues pour les «boat people» vietnamiens organisés en Indonésie (ci-dessus à droite).

The UN declared 1975-1985 a "Decade for Women," in an effort to eliminate discrimination and increase world-wide employment opportunities for women. In 1976, the United Nations Development Fund for Women (UNIFEM) was established to promote social-service and vocational programmes in developing countries, where women comprise most of the labour force (overleaf). UN agencies have helped women to produce and market handicrafts, such as the straw mat this nomadic woman is weaving in Mauritania.

La Décennie des Nations Unies pour la femme (1975-1985) vise à éliminer la discrimination à l'égard des femmes du monde entier et à améliorer les possibilités d'emploi qui leur sont offertes. En 1976, le Fonds de développement des Nations Unies pour la femme (UNIFEM) fut institué pour promouvoir les programmes de services sociaux et de formation professionnelle à l'intention des femmes des pays en développement, où elles représentent la majorité de la main-d'oeuvre (page suivante). Les organismes des Nations Unies aident les femmes à produire et à commercialiser divers articles, tels que les nattes de paille tissées par cette Mauritanienne nomade.

Various UN agencies have instituted programmes that have served to empower women in their daily lives. Above, a WHO-trained physician inoculates another woman in India. These Andean mountain women in Peru are voting for the first time under UN auspices (above left). The UN Voluntary Fund for Women provides technical assistance for village-level projects. Above right, women in Pakistan and Mauritania increase their productivity with the aid of a loom and a sewing machine.

Plusieurs organismes des Nations Unies ont institué des programmes qui ont permis d'habiliter les femmes dans leur vie quotidienne. Ci-dessus, en Inde, une doctoresse formée par l'OMS vaccine une patiente. Dans la région andine, ces montagnardes péruviennes votent pour la première fois sous l'égide des Nations Unies (ci-dessus à gauche). Le Fonds de contributions volontaires pour la Décennie des Nations Unies pour la femme offre une assistance technique aux projets exécutés au niveau des villages. Au Pakistan et en Mauritanie, les femmes ont pu accroître leur production grâce aux métiers à tisser et aux machines à coudre (ci-dessus à droite).

In the early 1980s, chronic drought spread throughout North Africa, devastating the land and bringing starvation to over 150 million inhabitants, hundreds of thousands of whom died. Many UN agencies responded to the emergency, including the World Food Programme (WFP), which distributed food provided by other African nations (above right).

Au début des années 80, une sécheresse chronique s'étendit dans toute l'Afrique, dévastant les terres et infligeant la famine à plus de 150 millions d'habitants. Plusieurs centaines de milliers de victimes y perdirent la vie. De nombreux organismes des Nations Unies répondirent à cette situation d'urgence, dont le Programme alimentaire mondial (PAM) qui procéda à des distributions de vivres fournis par d'autres pays d'Afrique (ci-dessus à droite).

The UN Disaster Relief Organization (UNDRO), the Food and Agriculture Organization of the United Nations (FAO), the World Food Programme (WFP), the UN Children's Fund (UNICEF), and the World Health Organization (WHO) coordinated their efforts to supply food, shelter and medical assistance to the population affected by the drought (overleaf).

Le Bureau du Coordonnateur des Nations Unies pour les secours en cas de catastrophe (UNDRO), l'Organisation des Nations Unies pour l'alimentation et l'agriculture (FAO), le Programme alimentaire mondial (PAM), le Fonds des Nations Unies pour l'enfance (UNICEF) et l'Organisation mondiale de la santé (OMS) coordonnèrent leurs efforts pour fournir vivres, abri et services médicaux aux populations touchées par la sécheresse (page suivante).

Education, for adults as well as for children, has always been a major area of UN interest and activism. The United Nations Educational, Scientific and Cultural Organizations (UNESCO)'s Global Literacy Campaign advances literacy through teacher training and adult education in developing countries, such as these classes for women and children in Burkina Faso, Indonesia and Sri Lanka (left to right).

L'éducation, pour les adultes comme pour les enfants, est depuis la fondation des Nations Unies un domaine d'action privilégié. L'Organisation des Nations Unies pour l'éducation, la science et la culture (UNESCO), dans le cadre d'une campagne mondiale consacrée à cet objectif, favorise l'alphabétisation par la formation d'enseignants et l'éducation des adultes dans les pays en développement, comme l'illustrent ces classes pour les femmes et les enfants au Burkina Faso, en Indonésie et à Sri Lanka (de gauche à droite).

An outdoor elementary school such as this one in Pakistan is a common sight in countries where classrooms are in short supply. The United Nations Children's Fund (UNICEF) has built new schools in southern Asia and funded the development of education systems throughout Africa.

Les écoles primaires en plein air, telle que celle-ci au Pakistan, sont nombreuses dans les pays où les bâtiments scolaires font défaut. Le Fonds des Nations Unies pour l'enfance (UNICEF) a construit des écoles en Asie méridionale et financé l'établissement de systèmes d'enseignement dans toute l'Afrique.

## 1985

**3 May**
Security Council declares "null and void" the establishment by South Africa of "so-called interim Government in Namibia," a strategy of South Africa designed to impose a neo-colonial settlement on that country.

**3 mai**
Le Conseil de sécurité déclare «nul et non avenu» l'établissement par l'Afrique du Sud du «soi-disant gouvernement intérimaire en Namibie», manoeuvre sud-africaine conçue pour imposer un régime néo-colonialiste à ce pays.

**27 July-2 August**
UN mission visits Botswana to assess damage caused by South African aggression.

**27 juillet-2 août**
Une mission des Nations Unies se rend au Botswana pour évaluer les dégâts causés par l'invasion sud-africaine.

King Hussein (Jordan) addressing the General Assembly, 27 September 1985
Allocution du roi Hussein de Jordanie à l'Assemblée générale, 27 septembre 1985

## 1986

**1 January**
UN Industrial Development Organization (UNIDO), becomes a UN specialized agency. UNIDO works to promote and accelerate the industrialization of developing countries and to coordinate UN activities in this field.

**1er janvier**
L'Organisation des Nations Unies pour le développement industriel (ONUDI) devient une institution spécialisée des Nations Unies. L'ONUDI oeuvre à promouvoir et à accélérer l'industrialisation des pays en développement et coordonne les activités des Nations Unies dans ce domaine.

**20 June**
World Conference on Sanctions Against Racist South Africa, calls for comprehensive and mandatory sanctions against South Africa, aimed at bringing an end to its apartheid system, its illegal occupation of Namibia and its attacks on neighbouring States.

**20 juin**
La Conférence mondiale sur l'adoption de sanctions contre l'Afrique du Sud raciste demande l'application de mesures générales et obligatoires pour obliger l'Afrique du Sud à mettre fin au régime de l'apartheid, à son occupation illégale de la Namibie et à ses attaques contre les pays voisins.

Chemical pollutants are targeted by the on the Protection of the Ozone Layer, 19

## 1987

**1 January**
Javier Pérez de Cuéllar reappointed UN Secretary-General for a second 5-year term.

**1er janvier**
Javier Pérez de Cuéllar est nommé Secrétaire des Nations Unies pour un second mandat de 5 ans.

**7 August**
Costa Rica, El Salvador, Guatemala, Honduras and Nicaragua sign Esquipulas II agreement to launch democratization and peace within their countries and to promote free and fair elections.

UN troops supervise voluntary surrender
of weapons in Central America after the
7 August 1987 agreement
Les forces des Nations Unies supervisent
le désarmement volontaire en Amérique
centrale après l'accord du 7 août 1987

Les polluants d'origine chimique sont visés par le Traité sur la
protection de la couche d'ozone, 1987

7 août
Le Costa Rica, El Salvador,
le Guatemala, le Honduras
et le Nicaragua signent
les accords d'Esquipulas II
pour lancer le processus de
démocratisation et de
rétablissement de la paix et
pour organiser des élections
libres et justes.

1 September
UN Environment
Programme (UNEP) efforts
lead to Treaty on the
Protection of the Ozone
Layer (Montreal Protocol),
the first global
environmental protection
agreement.

1er septembre
Les efforts du Programme
des Nations Unies sur
l'environnement (PNUE)
aboutissent à la conclusion
du Protocole de Montréal
relatif aux substances qui
appauvrissent la couche
d'ozone.

25 November
Security Council calls for
South Africa to withdraw
its troops from Angola.

25 novembre
Le Conseil de sécurité
demande à l'Afrique du
Sud de retirer ses troupes
de l'Angola.

1987

## 1988

**5 April**
Multilateral Investment Guarantee Agency (MIGA) is established. A World Bank affiliate, MIGA facilitates private investment in developing member countries by providing long-term political risk insurance to investors and advisory and consultative services.

**5 avril**
Etablissement de l'Agence multilatérale de garantie des investissements (AMGI). Membre du groupe de la Banque mondiale, l'AMGI encourage les investissements privés dans les pays en développement en octroyant des garanties aux investisseurs contre les pertes résultant de risques politiques à long terme et en fournissant des services de conseil et de consultation.

**14 April**
Afghanistan, Pakistan, US and USSR sign Geneva Accords, an agreement ending 8 years of conflict, establishing UN Good Offices Mission in Afghanistan and Pakistan (UNGOMAP) to monitor Soviet troop withdrawal from Afghanistan.

**14 avril**
L'Afghanistan, le Pakistan, les Etats-Unis et l'URSS signent les accords de Genève qui mettent fin à 8 ans de conflits et établissent la Mission de bons offices des Nations Unies en Afghanistan et au Pakistan (UNGOMAP) chargée de surveiller le retrait des troupes soviétiques du territoire afghan.

**2-5 August**
The UN Plan for Namibian Independence, approved more than 10 years ago by the General Assembly, is agreed to by Angola, Cuba and South Africa.

**2-5 août**
Le Plan des Nations Unies pour l'indépendance de la Namibie, approuvé plus de 10 ans auparavant par l'Assemblée générale, est accepté par l'Angola, Cuba et l'Afrique du Sud.

**9 August**
Security Council establishes UN Iran-Iraq Military Observer Group (UNIIMOG) to supervise cease-fire, effective on 20 August, ending the 8-year conflict between Iraq and Iran.

**9 août**
Le Conseil de sécurité établit le Groupe d'observateurs militaires des Nations Unies pour l'Iran et l'Iraq (GOMNUII) chargé de superviser le respect du cessez-le-feu conclu à dater du 20 août, qui vient mettre un terme à 8 ans de guerre entre les deux pays.

**30 August**
South African troops withdraw completely from Angola.

**30 août**
Retrait de toutes les troupes sud-africaines du territoire angolais.

Morocco and Polisario agree to the peace plan for Western Sahara submitted jointly by the UN Secretary-General and the Chairman of the Organization of African Unity.

Le Maroc et le Polisario acceptent le plan de paix pour le Sahara occidental proposé conjointement par le Secrétaire général des

Refugees from the confict in Afghanistan, 1988
Réfugiés victimes du conflit en Afghanistan, 1988

Mikhail Gorbachev (Soviet Union) addresses the General Assembly, 1988
Mikhaïl Gorbatchev (Union soviétique) adresse une allocution à l'Assemblée générale, 1988

Nations Unies et le Président de l'Organisation de l'unité africaine.

29 September
UN peace-keeping forces awarded Nobel Peace Prize.

29 septembre
Les forces de maintien de la paix des Nations Unies se voient décerner le Prix Nobel de la Paix.

22 December
At signing ceremony at UN Headquarters of Geneva Protocol (5 August) and Brazzaville Protocol (13 December), Angola and South Africa pledge cooperation with the UN in bringing Namibia to independence; Cuba pledges withdrawal of all its forces from Angola.

22 décembre
Par la signature du protocole de Genève (5 août) et du protocole de Brazzaville (13 décembre), lors de la cérémonie organisée à cet effet au siège des Nations Unies à New York, l'Angola et l'Afrique du Sud s'engagent à coopérer avec les Nations Unies pour entamer le processus qui mènera la Namibie à l'indépendance; Cuba s'engage à retirer toutes ses troupes de l'Angola.

UN Angola Verification Mission (UNAVEM I) established to verify the withdrawal of Cuban troops.

Première Mission de Vérification des Nations Unies en Angola (UNAVEM I) établit de vérifier la retraite des forces cubaines.

## 1989

**14 February**
Central American Presidents sign Costa Del Sol Joint Declaration in El Salvador entrusting the UN with verifying the 1987 Esquipulas II Agreement, monitoring the 1990 Nicaraguan elections and helping with the demobilization and voluntary repatriation or relocation of members of the Nicaraguan resistance and their families in Honduras.

**14 février**
Les Présidents des pays d'Amérique centrale signent la déclaration conjointe de Costa Del Sol en El Salvador et confient aux Nations Unies la tâche de vérifier le respect de l'accord d'Esquipulas II de 1987, de surveiller les élections au Nicaragua, et de contribuer à la démobilisation et au rapatriement ou à la réinstallation volontaires au Honduras de membres de la résistance nicaraguayenne et de leurs familles.

**15 February**
Soviet troops withdraw completely from Afghanistan.

**15 février**
Les troupes soviétiques évacuent l'Afghanistan.

**1 April**
UN Transition Assistance Group (UNTAG) is deployed throughout Namibia to monitor South Africa's withdrawal and provide electoral assistance.

**1er avril**
Le Groupe d'assistance des Nations Unies pour la période de transition (GANUPT) est déployé en Namibie pour surveiller le retrait de l'Afrique du Sud et fournir une assistance dans le domaine électoral.

**29-31 May**
International Conference on Central American Refugees, held in Guatemala City, adopts a 3-year programme to aid nearly 2 million Central American refugees, displaced persons and returnees.

**29-31 mai**
La Conférence internationale sur les réfugiés d'Amérique centrale, réunie à Guatemala, adopte un programme de 3 ans pour venir en aide aux réfugiés, aux personnes déplacées et aux personnes rentrant dans leur pays.

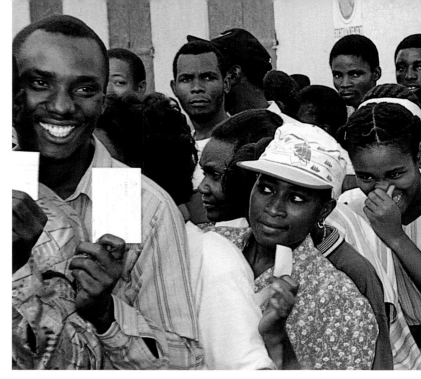

UN-supervised elections in Haiti, 20 January 1990
Elections supervisées par les Nations Unies en Haïti, 20 janvier 199[0]

**27 July**
UN Observer Mission for the Verification of Elections in Nicaragua (ONUVEN) established to monitor the preparations for and holding of elections on 25 February 1990.

**27 juillet**
La Mission d'observation des Nations Unies chargée de la vérification du processus électoral au Nicaragua (ONUVEN) est établie en prévision des élections qui doivent avoir lieu le 25 février 1990.

**7 November**
Security Council establishes UN Observer Group in Central America (ONUCA) to verify that irregular forces are no longer aided and that States are not using each other's territory to launch attacks.

**7 novembre**
Le Conseil de sécurité institue le Groupe d'observateurs des Nations Unies en Amérique centrale (ONUCA) pour vérifier que les forces irrégulières ne reçoivent plus d'aide et que les Etats cessent de lancer des attaques à partir de bases situées sur leur territoire.

**7-11 November**
UN Transition Assistance Group (UNTAG) monitors elections in Namibia.

**7-11 novembre**
Le Groupe d'assistance des Nations Unies pour la période de transition (GANUPT) surveille les élections en Namibie.

**15 November**
General Assembly calls for a strengthening of the UN role in maintaining international peace and security; in a powerful symbol of the end of the cold war, US and USSR, for the first time, jointly propose a political resolution.

15 novembre
L'Assemblée générale demande un renforcement du rôle des Nations Unies dans le domaine du maintien de la paix et de la sécurité internationales; en un geste puissamment symbolique de la fin de la guerre froide, les Etats-Unis et l'Union soviétique proposent conjointement de rechercher des solutions politiques.

29 December
General Assembly demands "the immediate cessation of the intervention and the withdrawal from Panama of the armed invasion forces of the United States."

29 décembre
L'Assemblée générale exige «la cessation immédiate de l'intervention des Etats-Unis au Panama et le retrait des forces d'invasion américaines».

1990
20 January
UN Observer Group for the Verification of the Elections in Haiti (ONUVEH) monitors elections.

20 janvier
Le Groupe d'observateurs des Nations Unies pour la vérification des élections en Haïti (ONUVEH) surveille les élections.

23 March-29 June
UN Observer Group in Central America (ONUCA) monitors demobilization of Nicaraguan rebel forces.

23 mars-29 juin
Le Groupe d'observateurs des Nations Unies en Amérique centrale (ONUCA) surveille la démobilisation des forces rebelles nicaraguayennes.

2 August
Security Council condemns Iraq's invasion of Kuwait and demands an immediate withdrawal.

2 août
Le Conseil de sécurité condamne l'invasion du Koweït par l'Iraq et exige le retrait immédiat des troupes iraquiennes.

1 September
UN International Drug Control Programme (UNDCP) established.

1er septembre
Etablissement du Programme des Nations Unies pour le contrôle international des drogues (PNUCID).

2 September
Convention on the Rights of the Child becomes international law.

2 septembre
La Convention relative aux droits de l'enfant devient loi internationale.

29-30 September
UNICEF convenes World Summit for Children, attended by 71 Heads of State or Government and representatives from 152 countries.

29-30 septembre
L'UNICEF convoque le Sommet mondial de l'enfance, auquel participent 71 chefs d'Etat ou de gouvernement et des représentants de 152 pays.

29 November
Security Council calls upon Member States to restore peace and security to Kuwait by all necessary means.

29 novembre
Le Conseil de sécurité demande aux Etats Membres de rétablir la paix et la sécurité au Koweït par tous les moyens nécessaires.

1990

Parachuting in relief supplies, Sudan 1991
Parachutage de secours au Soudan, 1991

Iraq during UNIKOM's deployment, 1991   L' Iraq pendant le déploiement de la MONUIK, 1991

## 1991

**16 January**
Under UN Security Council guidelines, Operation Desert Storm—a military action by a 27-nation coalition to oust Iraq from Kuwait —begins, and is successfully completed in six weeks.

**16 janvier**
Dans le cadre des directives du Conseil de sécurité, l'opération Tempête du désert est lancée par une coalition de 27 nations pour expulser les forces iraquiennes du territoire du Koweït. L'opération atteint son objectif en six semaines.

**9 April**
Security Council establishes UN Iraq-Kuwait Observation Mission (UNIKOM) to monitor a 200-kilometer demilitarized zone between the two countries.

**9 avril**
Le Conseil de sécurité établit la Mission d'observation des Nations Unies pour l'Iraq et le Koweït (MONUIK) qui est chargée de surveiller une zone démilitarisée de 200 kilomètres entre les deux pays.

**29 April**
UN Mission for the Referendum in Western Sahara (MINURSO) established to oversee impelmentation of a settlement plan, to supervise a cease-fire between Morocco and Polisario, and to organize a referendum.

**29 avril**
La Mission des Nations Unies pour l'organisation d'un référendum au Sahara occidental (MINURSO) est établie pour surveiller un cessez-le-feu entre le Maroc et le Polisario, l'application d'un plan de règlement pacifique et l'organisation d'un référendum.

**20 May**
UN Observer Mission in El Salvador (ONUSAL) established to monitor the human rights situation in the country, verify compliance with the 31 December 1991 cease-fire agreement and monitor maintenance of public order pending organization of a new national civil police.

**20 mai**
La Mission d'observation des Nations Unies en El Salvador (ONUSAL) est

Secretary-General Boutros
Boutros-Ghali (1992-   )
Le Secrétaire général
Boutros Boutros-Ghali
(1992-   )

**19 décembre**
Les Nations Unies lancent
l'Opération survie au
Soudan pour fournir une
aide d'urgence à la suite de
catastrophes naturelles, de
conflits armés et de sécheresses persistantes, qui
mènent à de graves pertes
des récoltes et à des
pénuries alimentaires.

établie pour surveiller la
situation des droits de
l'homme, vérifier le respect
de l'accord de cessez-le-feu
au 31 décembre 1991 et
contribuer au maintien de
l'ordre public dans l'attente
de la formation de la nouvelle force de police
nationale civile.

**31 May**
Cease-fire in the 16-year
Angolan civil war is negoti-
ated, then administered by
UN Angola Verification
Mission (UNAVEM II).

**31 mai**
Un cessez-le-feu est conclu
après 16 ans de guerre
civile en Angola et administré par la Mission de vérification des Nations Unies en
Angola (UNAVEM II).

**3 October**
Security Council calls for
restoration of the legitimate
Government in Haiti fol-
lowing October coup.

**3 octobre**
Le Conseil de sécurité
demande le rétablissement
du gouvernement légitime
en Haïti après le coup
d'État d'octobre.

**23 October**
Cambodian peace treaty
signed establishing the UN
Transitional Authority in
Cambodia (UNTAC) and
the UN Advance Mission in
Cambodia (UNAMIC).

**23 octobre**
Signature du traité de paix
au Cambodge établissant
l'Autorité de transition des
Nations Unies au Cambodge

(UNTAC) et la Mission pré-
paratoire des Nations Unies
au Cambodge
(MIPRENUC).

**3 December**
Boutros Boutros-Ghali
(Egypt) appointed
Secretary-General for a
5-year term.

**3 décembre**
Boutros Boutros-Ghali
(Egypte) est nommé
Secrétaire général pour un
mandat de 5 ans.

**19 December**
UN commences Operation
Lifeline Sudan, for emer-
gency assistance following
persistent natural disasters,
armed conflict and drought
resulting in crop failures
and food shortages.

**31 December**
Agreement negotiated by
the Secretary-General
between the Government of
El Salvador and FMLN
(Farabundo Martí National
Liberation Front) leads to a
cease-fire and a peace
accord after a 10-year civil
war.

**31 décembre**
L'accord négocié par le
Secrétaire général entre le
Gouvernement salvadorien
et le FMLN (Front de
libération nationale
Farabundo Martí) aboutit à
un cessez-le-feu et à un
accord de paix après 10 ans
de guerre civile.

## 1992

**31 January**
First ever Summit Meeting of UN Security Council held at UN Headquarters. Heads of State and Government of 13 of its members and Ministers of Foreign Affairs of the remaining 2 came together to pledge their commitment to international law and the UN Charter.

**31 janvier**
La première réunion au sommet du Conseil de sécurité a lieu au Siège des Nations Unies. Les chefs d'Etat et de gouvernement de 13 des membres du Conseil et les Ministres des affaires étrangères des 2 autres membres se réunissent pour affirmer leur attachement au droit international et à la Charte des Nations Unies.

**21 February**
United Nations Protection Force (UNPROFOR) established to create the conditions of peace and security required for the negotiation of an overall political settlement in the former Yugoslavia.

**21 février**
Etablissement de la Force de protection des Nations Unies (FORPRONU) afin de créer les conditions propices à la paix et à la sécurité qu'exige la négociation d'un règlement politique général de la situation dans l'ex-Yougoslavie.

**28 February**
UN Transitional Authority in Cambodia (UNTAC) established to oversee the country's transition to a new administration after multiparty elections.

**28 février**
Institution de l'Autorité de transition des Nations Unies au Cambodge (UNTAC), chargée de surveiller l'établissement d'une nouvelle administration après des élections multipartites.

**15 March**
Department of Humanitarian Affairs (DHA) established to enhance the UN's ability to coordinate emergency humanitarian assistance.

**15 mars**
Etablissement du Département des affaires humanitaires (DAH) pour renforcer l'aptitude des Nations Unies à coordonner la fourniture d'aide humanitaire.

**24 April**
UN Operation in Somalia (UNOSOM) established to facilitate an immediate cessation of hostilities, maintain a cease-fire in Mogadishu, promote reconciliation and political settlement, and provide humanitarian assistance.

**24 avril**
Etablissement de l'Opération des Nations Unies en Somalie (ONUSOM) pour favoriser la cessation immédiate des hostilités, faire respecter un cessez-le-feu à Mogadishu, promouvoir la réconciliation et le règlement politique, et dispenser une assistance humanitaire.

**3-14 June**
UN Conference on Environment and Development (Earth Summit) held in Rio de Janeiro. Attended by leaders from 170 nations, it was the largest intergovernmental meeting ever held. It resulted in adoption of Agenda 21, a voluminous action plan to promote a global transition to sustainable development, and the Rio Declaration on Environment and Development, a set of 27 principles to help govern economic and environmental behaviour.

**3-14 juin**
La Conférence des Nations Unies sur l'environnement et le développement (Sommet planète Terre) a lieu à Rio de Janeiro. Elle réunit les représentants de 170 nations, ce qui en fait la plus grande réunion intergouvernementale jamais assemblée. Elle adopte le volumineux plan d'Action 21, qui promeut une transition mondiale sur la voie du développement durable, et la Déclaration de Rio sur l'environnement et le développement, ensemble de 27 principes applicables à la gestion des comportements économiques et de l'écologie.

UN Security Council Summit Meeting, 1992
Réunion au sommet du Conseil de sécurité, 1992

16 December
UN Operation in
Mozambique (ONUMOZ)
established to help implement a peace accord, end-
ing 14 years of civil war.
ONUMOZ monitored the
withdrawal of foreign forces
from the country; helped
administer the electoral
process and provided
humanitarian assistance.

16 décembre
L'Opération des Nations
Unies au Mozambique
(ONUMOZ) est instaurée
pour contribuer à l'application d'un accord de paix
qui met fin à 14 ans de
guerre civile. L'ONUMOZ
surveille le départ des
troupes étrangères du territoire mozambicain, aide à
administrer le processus
électoral et fournit une
assistance humanitaire.

Prince Sihanouk, President of the Supreme National Council (right), and Special
Representative of the Secretary-General for Cambodia Yasushi Akashi (left), 1992
Le Prince Sihanouk, Président du Conseil national suprême du Cambodge (à
droite) et le Représentant spécial du Secrétaire général pour le Cambodge,
Yasushi Akashi (à gauche), 1992

Humanitarian relief in Somalia, 1993
Secours humanitaires en Somalie, 1993

## 1993

**26 March**
United Nations Operation in Somalia (UNOSOM II) established. The largest peace-keeping force in UN history, UNOSOM II fomally took over from the US-led international force (UNITAF).

**26 mars**
Création de l'Opération des Nations Unies en Somalie (ONUSOM II). Cette force de maintien de la paix la plus nombreuse de l'histoire des Nations Unies prend la relève de la Force d'intervention unifiée (UNITAF) placée sous le commandement des Etats-Unis.

**23-25 April**
UN Observer Mission to Verify the Referendum in Eritrea contributes to the declaration of Eritrean independence and the country's admission to the United Nations.

**23-25 avril**
La Mission d'observation des Nations Unies chargée de la vérification du référendum en Erythrée contribue à l'accession du pays à l'indépendance et à son admission en tant qu'Etat Membre des Nations Unies.

**23-28 May**
UN-supervised elections in Cambodia led to the drafting of a new constitution and the establishment of the new Government, ending nearly 15 years of turmoil.

**23-28 mai**
Au Cambodge, les élections supervisées par les Nations Unies aboutissent à la rédaction d'une nouvelle constitution et à la mise en place d'un nouveau gouvernement, mettant ainsi fin à près de 15 ans de troubles.

**14-25 June**
World Conference on Human Rights held in Vienna during the International Year for Indigenous Peoples.

**14-25 juin**
La Conférence mondiale sur les droits de l'homme a lieu à Vienne, au cours de l'Année internationale des peuples autochtones.

**22 June**
UN Observer Mission in Uganda-Rwanda (UNOMUR) established to focus on the transit of lethal weapons and ammunition across the border.

**22 juin**
Etablissement de la Mission d'observation des Nations Unies en Ouganda et au Rwanda (MONUOR) pour résoudre le problème du transit des armes létales et des munitions aux frontières.

**24 August**
UN Observer Mission in Georgia (UNOMIG) established to verify compliance with the 27 July cease-fire Agreement between Georgia and the separatist forces in the Black Sea region of Abkhazia.

**24 août**
Etablissement de la Mission d'observation des Nations Unies en Géorgie (MONUG) chargée de vérifier le respect de l'accord de cessez-le-feu entre la Géorgie et les forces séparatistes d'Abkhazie dans le sud du Caucase.

**22 September**
UN Observer Mission in Liberia (UNOMIL) established to monitor the July 1993 cease-fire, observe the elections scheduled for February/March 1994 and coordinate humanitarian aid.

**22 septembre**
Etablissement de la Mission d'observation des Nations Unies au Libéria (MONUL) chargée de vérifier le respect du cessez-le-feu de juillet 1993, d'observer les élections prévues pour février/mars 1994 et de coordonner l'aide humanitaire.

**23 September**
UN Mission in Haiti (UNMIH) established to provide guidance and training to the Haitian police and to monitor their operations.

**23 septembre**
Etablissement de la Mission des Nations Unies en Haïti (MINUHA) chargée de fournir des conseils et d'assurer la formation de la police haïtienne et de surveiller ses opérations.

**5 October**
UN Assistance Mission in Rwanda (UNAMIR) established to assist in the establishment and maintenance of a transitional government, to remain until national elections are held and a new government is installed.

**5 octobre**
Etablissement de la Mission des Nations Unies pour l'assistance au Rwanda (MINUAR) chargée d'aider à établir et à maintenir en

place un gouvernement provisoire jusqu'à l'organisation d'élections nationales et l'installation d'un nouveau gouvernement.

## 1994

**19-30 August**
UN monitors successful democratic elections in South Africa.

**19-30 août**
Les Nations Unies surveillent le déroulement régulier des élections démocratiques en Afrique du Sud.

**12 September**
The United Nations International Conference on Population and Development, held in Cairo, adopts a landmark Programme of Action calling for stablilization of the world population growth.

**12 septembre**
La Conférence internationale des Nations Unies sur la population et le développement, réunie au Caire, adopte un programme d'action historique demandant la stabilisation de la croissance démographique de manière à maintenir le chiffre de la population mondiale.

**10 November**
Security Council terminates UN Trusteeship Agreement for Palau, following 1993 plebiscite in which it chose free association with US. The Trusteeship System has no Territories left on its agenda and has thus completed its historic task.

**10 novembre**
Le Conseil de sécurité abroge l'accord de tutelle de Palau à la suite du

plébiscite par lequel la population s'est prononcée en faveur d'une libre association avec les Etats-Unis. Il ne reste plus de territoires relevant du régime de tutelle et les Nations Unies ont donc rempli leur mandat historique dans ce domaine.

**13-21 November**
UN monitors first multi-party elections in Mozambique to elect a new President, following signing of a Peace Agreement on 4 October 1992.

**13-21 novembre**
Les Nations Unies surveillent les premières élections multipartites organisées au Mozambique, à la suite de la signature de l'accord de paix du 4 octobre 1992.

**15 December**
Palau, formerly Trust Territory of the Pacific Islands administered by US, becomes UN Member as Republic of Palau.

**15 décembre**
La République de Palau, anciennement territoire sous tutelle des Iles du Pacifique administré par les Etats-Unis, devient Membre des Nations Unies.

**16 December**
UN Mission of Observers in Tajikistan (UNMOT) established to monitor implementation of cease-fire and provide good offices.

**16 décembre**
Etablissement de la Mission d'observation des Nations Unies au Tadjikistan (MONUT) chargée de surveiller le respect du cessez-le-feu et de fournir des bons offices.

US President Bill Clinton addressing the General Assembly, 1994
Président des Etats Unis Bill Clinton s'addressant à l'Assemblée générale, 1994

Apartheid, a State-imposed system of racial segregation, was institutionalized by South Africa in 1948. Under apartheid, non-white South Africans—who outnumber whites 4 to 1—were excluded from political life and subjected to repressive laws and regulations. In 1973, the General Assembly condemned apartheid as a crime against humanity, and the Security Council, which had considered the issue since 1960, termed apartheid a crime against the conscience and dignity of humankind.

L'apartheid, ségrégation des populations de races différentes imposée par l'Etat, fut institutionnalisé par l'Afrique du Sud en 1948. Sous ce régime, les Sud-Africains n'appartenant pas à la race blanche, soit 80% de la population du pays, étaient exclus de la vie politique et soumis à des lois et des réglementations répressives. En 1973, l'Assemblée générale condamna l'apartheid comme constituant un crime contre l'humanité tandis que le Conseil de sécurité, qui se penchait sur la question depuis 1960, employait les termes de «crime contre la conscience et la dignité de l'humanité».

NET BLANKES
WHITES ONLY

Non-whites in South Africa were not only denied political rights but also forced to live in government-designated "Homelands," reserves that included some of the most arid, infertile areas of the country. Living conditions were poor at best. This cramped room (above) housed 53 people and was without electricity or running water.

Les Sud-Africains non-blancs, privés de droits politiques, étaient également forcés de vivre dans des "homelands", réserves désignées par le gouvernement établies dans des zones parmi les plus arides et les moins fertiles du pays. Les conditions de vie y étaient, au mieux, médiocres. Dans cette pièce sans électricité ni eau courante (ci-dessus), vivaient 53 personnes.

The United Nations was a major factor in bringing down the apartheid system, by imposing measures ranging from an arms embargo to a convention against segregated sporting events. In 1994, the election of former political prisoner Nelson Mandela as President (above, after addressing the UN General Assembly), in South Africa's first free and open elections, which the UN monitored, marked apartheid's official demise.

Les Nations Unies ont joué un rôle influent dans la suppression du régime de l'apartheid, en imposant diverses mesures telles qu'un embargo mis sur les envois d'armes et une convention contre la ségrégation raciale dans les manifestations sportives. En 1994, l'accession à la présidence de la République d'Afrique du Sud de Nelson Mandela, ancien prisonnier politique, (ci-dessus à la tribune de l'Assemblée générale après son allocution), par la voie des premières élections libres et universelles du pays, surveillées par les Nations Unies, marqua le démantèlement officiel de ce régime ségrégationniste.

To strengthen health-care systems in developing countries, the World Heath Organization (WHO) and the United Nations Children's Fund (UNICEF) help train personnel, conduct medical research and promote nutrition and immunization. The UN has targeted the six major communicable childhood diseases (polio, tetanus, measles, whooping cough, diphtheria and tuberculosis)—a campaign with an 80% immunization rate, which saves lives of more than 3 million children annually. WHO immunization programmes have eradicated smallpox, significantly curtailed yaws and continued to battle malaria.

Aux fins de renforcer les systèmes de santé des pays en développement, l'Organisation mondiale de la santé (OMS) et le Fonds des Nations Unies pour l'enfance (UNICEF) participent à la formation de personnel, effectuent des recherches médicales et soutiennent des actions dans les domaines de la nutrition et de la vaccination. Les Nations Unies ont entrepris la lutte contre les six grandes maladies infantiles contagieuses (poliomyélite, tétanos, oreillons, coqueluche, diphtérie et tuberculose) par une campagne d'immunisation qui, avec un taux de couverture vaccinale de 80 %, sauve la vie de plus de 3 millions d'enfants par an. Les programmes de vaccination de l'OMS ont permis d'éradiquer la variole et de réduire considérablement l'incidence du pian, et continuent de lutter contre le paludisme.

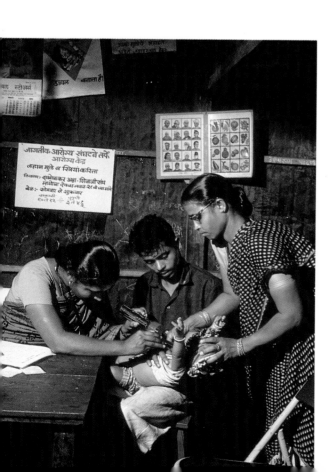

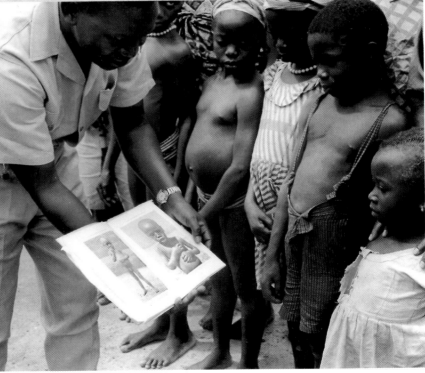

Maternal and child health are a particular focus of UN health initiatives, with campaigns to encourage pre- and post-natal care and especially breast-feeding, whose decline markedly increased infant mortality rates in the developing world. UNICEF and WHO took an active lead in the adoption of an internationally recognized code governing the marketing of breast-milk substitutes.

La santé de la mère et de l'enfant constitue un axe important des initiatives des Nations Unies dans le domaine de la santé. Ces initiatives comprennent des campagnes d'information visant à encourager le suivi et l'hygiène de la grossesse ainsi que l'allaitement au sein, dont le déclin a causé une augmentation marquée des taux de mortalité infantile dans le monde en développement. L'UNICEF et l'OMS ont joué un rôle actif pour faire adopter un code international régissant la commercialisation des produits de remplacement du lait maternel.

River blindness. found mostly in western Africa. afflicts about 20 million people world-wide. Victims become entirely dependent on the sighted, who are often younger members of their community (left) and frequently entire villages are devastated. WHO is helping governments of the Volta basin to implement a 20-year program aimed at eradicating river blindness.

L'onchocercose, ou cécité des rivières, qui sévit tout particulièrement en Afrique de l'Ouest, frappe quelque 20 millions de personnes par an dans le monde entier. Des villages entiers sont dévastés par ce fléau, dont les victimes deviennent entièrement dépendantes de la collectivité, et souvent des plus jeunes de ses membres (à gauche). L'OMS fournit une aide aux gouvernements des pays du bassin de la Volta qui exécutent un programme instauré il y a 20 ans pour lutter contre la maladie.

The WHO Global Programme on AIDS reports that an estimated 4.5 million cases of AIDS have occurred throughout the world from the start of the pandemic to January 1995. Approximately 18 million men, women and children have been infected with the HIV virus. By the year 2000, WHO estimates that 30 to 40 million people world-wide will be infected with HIV, 90 percent of whom will reside in the developing world. In the 1990s, AIDS has become a leading cause of death of women of childbearing age. This portrait of suffering is of an Ethiopian woman with AIDS.

Le Programme mondial de lutte contre le SIDA de l'OMS estime à 4,5 millions le nombre de cas de la maladie qui se sont déclarés dans le monde depuis le début de la pandémie jusqu'à janvier 1995. Environ 18 millions d'hommes, de femmes et d'enfants ont été contaminés par le virus de la maladie (VIH). Selon les estimations de l'OMS, d'ici à l'an 2000, 30 à 40 millions de personnes, dont 90 % vivant dans le monde en développement, seront porteurs du virus. Dans les années 90, le SIDA est devenu l'une des principales causes de mortalité chez les femmes en âge de procréer. Le portrait présenté ici est celui d'une Ethiopienne atteinte du SIDA.

In 1946, the General Assembly rejected the incorporation of South West Africa by South Africa and recommended the Territory's trusteeship until it could assume independence. Despite UN sanctions, South Africa pursued territorial claims, and hostilities with South West African nationalists persisted until an agreement was reached in 1988. The UN Transitional Assistance Group (UNTAG) assisted in preparations for a transition to democracy. In 1989, UNTAG supervised elections in the newly independent Namibia (overleaf).

En 1946, l'Assemblée générale, ayant rejeté l'incorporation du Sud-Ouest africain au sein de l'Union sud-africaine, recommanda de placer le territoire sous le régime de tutelle jusqu'à ce qu'il soit en mesure d'accéder à l'indépendance. Malgré les sanctions imposées par les Nations Unies, l'Afrique du Sud refusa de renoncer à ses prétentions et les hostilités avec les nationalistes du Sud-Ouest africain se poursuivirent jusqu'à la conclusion d'un accord de paix en 1988. Le Groupe d'assistance des Nations Unies pour la période de transition (GANUPT) en Namibie participa aux préparatifs d'instauration de la démocratie et assura en 1989 la supervision des élections de la Namibie nouvellement indépendante (page suivante).

FREE AND FAIR ELECTIONS

On 2 August 1990, Iraqi forces invaded and annexed Kuwait. A series of UN Security Council resolutions imposed mandatory sanctions and a naval blockade against Iraq. When Iraq failed to comply with the resolution deadline of 15 January 1991, troops from 34 UN Member States liberated Kuwait in the Persian Gulf War. Retreating Iraqi troops set oil fields on fire, and the resulting smoke left Kuwait City totally dark at noon (overleaves). The UN Security Council set terms for a cease-fire, including the destruction of weapons. The United Nations Iraq-Kuwait Observation Mission (UNIKOM) still monitors the demilitarized zone between the two countries.

Le 2 août 1990, les forces armées iraquiennes envahirent le Koweït dont l'Iraq déclara l'annexion. Une série de résolutions du Conseil de sécurité imposa des sanctions obligatoires et un blocus naval contre l'Iraq. Le pays ayant refusé de retirer ses troupes d'occupation à la date du 15 janvier 1991, fixée par le Conseil de sécurité, les forces armées de 34 Etats Membres des Nations Unies lancèrent une offensive pour libérer le Koweït. Les troupes iraquiennes battant en retraite mirent feu aux puits de pétrole du pays; les nuages de fumée dégagés par ces multiples incendies plongèrent la ville de Koweït dans l'obscurité complète, même à midi (page suivante). Le Conseil de sécurité fixa les conditions d'un cessez-le-feu, qui comprenaient entre autres la destruction d'armes iraquiennes. La Mission d'observation des Nations Unies pour l'Iraq et le Koweït (MONUIK) surveille aujourd'hui encore la zone démilitarisée de 200 kilomètres établie entre les deux pays.

The peace treaty signed at the Paris Conference on Cambodia in 1991 ended 13 years of warfare between government forces and the Khmer Rouge. (A terrible reminder of the carnage is this memorial of skulls, at right.) The treaty included a mandate for the UN Transitional Authority in Cambodia (UNTAC), which helped translate the hope of these Buddhist monks into ballot boxes (overleaf). It also called for repatriation of refugees, a new constitution and reconstruction of the country. UNTAC supervised elections in May 1993.

Le traité de paix signé lors de la Conférence de Paris de 1991 sur le Cambodge mit fin à 13 ans de guerre entre les forces gouverne-mentales et le Khmer rouge. (Ci-contre, ce monument avec ses alignements de crânes est un terri-ble rappel de la férocité du car-nage). Aux termes du traité, l'Autorité de transition des Nations Unies au Cambodge (UNTAC) fut chargée de contribuer à restaurer les pratiques démocratiques dans le pays. Le traité prévoyait aussi le rapatriement des réfugiés, l'adop-tion d'une nouvelle constitution, et la reconstruction du pays. L'UNTAC eut également pour mission de superviser les élections de mai 1993, auxquelles participèrent largement tous les segments de la population, dont ces moines boud-dhistes (page suivante).

The UN Charter empowers the General Assembly to consider "principles governing disarmament and the regulation of armaments." For 50 years, the UN has worked for total global disarmament—eliminating conventional, nuclear, chemical and other weapons of mass destruction, including field work such as clearing land mines (right) exposed by shifting sands in Kuwait—and has concluded a number of successful agreements.

La Charte des Nations Unies confère à l'Assemblée générale le pouvoir d'étudier «les principes régissant le désarmement et la réglementation des armements». Depuis 50 ans, les Nations Unies oeuvrent dans le but d'un désarmement mondial total consistant en l'élimination de toutes les armes classiques, nucléaires, chimiques et autres moyens de destruction massive, y inclus les travaux sur le terrain tels que la neutralisation des mines terrestres (à droite) exposées par le déplacement du sable au Koweït. L'Organisation est parvenue à la conclusion d'un certain nombre d'accords dans ce sens.

The UN has worked to achieve disarmament in many ways—from training local workers to safely detonate landmines in Mozambique (below far left) to destroying weapons from Nicaraguan resistance forces (below left). After the Persian Gulf War, UN weapons specialists tested contents of storage tanks full of nerve gas unearthed in the Iraq desert (above left) and destroyed bomb canisters (below right).

Les efforts déployés par les Nations Unies dans le domaine du désarmement sont multiformes, allant de la formation de personnel local aux techniques de déminage au Mozambique (ci-dessous, extrême gauche) à la destruction des armes des forces de la résistance nicaraguayenne (ci-dessous à gauche). Après la guerre du Golfe persique, les spécialistes en armement des Nations Unies ont analysé le contenu de réservoirs de gaz neurotoxiques enterrés dans le désert iraquien (ci-dessus à gauche) et détruit des bombes (ci-dessous à droite).

At the millennium, nearly 600 million people in the world will be over 60 years old. The 1991 UN General Assembly adopted a set of 18 United Nations Principles for Older Persons and initiated the International Plan of Action on Ageing to promote the welfare, health and employment potential of the elderly. Pictured here, elders in India, Bosnia, Korea (above) and the US (previous spread).

Au début du prochain millénaire, près de 600 millions de personnes auront plus de 60 ans. L'Assemblée générale de 1991 a adopté un ensemble de 18 principes des Nations Unies pour les personnes âgées et formulé un Plan d'action international sur le vieillissement afin de promouvoir le bien-être, la santé et l'emploi des personnes du troisième âge. Voici des portraits de gens âgés en Inde, en Bosnie et en Corée (ci-dessus), et aux États-Unis (page précédente).

By the year 2000, there will be an estimated 2 billion children under 15 years of age world-wide. Over 85 percent of these young people will reside in the developing world, such as these schoolchildren at play in Togo (overleaf). The United Nations' commitment to the children of the world will continue into the next century.

D'ici à l'an 2000, il y aura dans le monde 2 milliards d'enfants de moins de 15 ans. Plus de 85 % d'entre eux vivront dans le monde en développement, comme ces écoliers du Togo (page suivante) jouant pendant la récréation. L'engagement et les travaux des Nations Unies pour le bien-être des enfants du monde entier se poursuivront au cours du siècle prochain.

# PHOTOGRAPHY CREDITS
## CREDITS PHOTOGRAPHIQUES

For those of us who have served the United Nations, its Fiftieth Anniversary has a special significance as we look back at the challenging road we have travelled since the end of the Second World War. Thankfully, we are able to do so in these pages through the eyes of a corps of courageous, dedicated photographers.

Their journey has not been without cost as they suffered severe hardships, illness and even death in the course of covering peace-keeping operations, disasters, famines and other assignments. Yet they preserved their own humanity and special understanding of their obligations as personal witnesses to the United Nations story.

It is no less than the story of humankind at the closing years of this millennium, for the fieldwork they documented touched on every aspect of human experience.

Primarily, this pictorial history chronicles the epic story of the United Nations over the past half century. But it is also a tribute to the intrepid and perceptive photographer-historians whose timeless images provide the irrefutable truths of our lives and times.

—Jan Ralph, Editor, Former Chief, Photographs and Exhibits Section, UN Department of Public Information

Pour ceux d'entre nous qui avons servi et servons les Nations Unies, leur Cinquantième anniversaire revêt une signification toute particulière. C'est pour nous l'occasion de porter nos regards sur ce chemin ardu que nous avons parcouru depuis la fin de la Deuxième Guerre mondiale. Nous sommes reconnaissants de pouvoir le faire à chacune des pages de ce livre par les yeux d'une équipe de photographes courageux et dévoués.

Ils ont connu de bien rudes épreuves, la maladie, la mort même, au long de cette route qui les a menés à couvrir les opérations de maintien de la paix, les catastrophes, les famines et diverses autres missions. Mais ils ont su préserver leur propre humanité et le sens de leurs obligations en tant que témoins personnels de l'histoire des Nations Unies.

Et ce n'est rien moins que l'histoire de l'humanité en cette fin de millénaire qu'ils ont ainsi enregistrée, car les travaux qu'ils ont documentés touchent chacun des aspects de l'expérience humaine.

Cette histoire en images est avant tout la chronique de l'épopée des Nations Unies au cours du demi-siècle écoulé. Mais c'est aussi un hommage aux photographes-historiens intrépides, sensibles et attentifs dont les images intemporelles révèlent les vérités irréfutables de nos vies et de notre époque.

-- Jan Ralph, Editeur
Ancien chef de la Section de la photographie et des expositions, Département de l'information des Nations Unies

The following credits include: place and year the picture was taken, the photographer's name (where possible), and the UN reference code and/or number. Credits are given clockwise, from top left of the cited page.

*Les crédits ci-dessous mentionnent le lieu et l'année où la photographie a été prise, le nom du photographe (s'il est connu), et le code et/ou le numéro de référence des Nations Unies. Ils sont donnés par page dans le sens horaire en partant du coin supérieur gauche de la page.*

### ENDPAPERS *PAGES DE GARDE*

Nepal *Népal* 1967. MB; UN 98975.
Korea *Corée* 1981. Hanns Maier Jr.; UN 149093.
Afghanistan *Afghanistan.* UNHCR.
Papua New Guinea *Papouasie-Nouvelle-Guinée* 1956. PCD; UN 50179.
Nepal *Népal* 1967. MB; UN 108060.
Egypt *Egypte* 1973. Yutaka Nagata; UN 122294.
Mexico *Mexique* 1960. Yutaka Nagata; UN 65247.
Poland *Pologne* 1947. John Vachon; UNRRA 4362.
Guinea Bissau *Guinée-Bissau* 1972. Yutaka Nagata; UN 118829.
Hong Kong *Hong-Kong* 1979. John Isaac; UN 141334.
Guinea Bissau *Guinée-Bissau* 1972. Yutaka Nagata; UN 118829.
Greece *Grèce* 1947. UN 4603.
Kashmir *Cachemire* 1948. UN 18131.
Cambodia *Cambodge* 1993. P. Sudhakaran; UN 186529.
Croatia *Croatie* 1992. John Isaac; UN 159225.
Nigeria *Nigéria* 1967. Yutaka Nagata; UN 101405.
Nicaragua *Nicaragua.* A. Hollmann; UNHCR.
Jamaica *Jamaïque* 1972. A. Fischer; UN 121352.
Ireland *Irlande* 1960. Irish Times; UN 66336.
India *Inde* 1977. John Isaac; UN 153448.
Ivory Coast *Côte d'Ivoire* 1985 UN PHOTO.
Columbia *Colombie* 1966. Yutaka Nagata; UN 98204.
Tanzania *Tanzanie* 1994. B. Press; UNHCR 24083/05.
Argentina *Argentine* 1983. A. Cherep; UNHCR 13167.
India *Inde* 1974. Doranne Jacobson; UN 153916.

# ACKNOWLEDGEMENTS:
## REMERCIEMENTS:

Jan Ralph and Smallwood & Stewart would like to thank / *Jan Ralph et Smallwood & Stewart tiennent à remercier les personnes et les entités dont les noms suivent*: Mark Bregman, Elaine Gleeson, Gabriela Pérez-Báez

*Chief, UN photo unit, Media Division, Department of Public Information (DPI) / Chef du Groupe de la photographie, Division des médias, Département de l'information des Nations Unies*: Tom Prendergast

*UN photo unit, Media Division, and DPI lab / Groupe de la photographie, Division des médias, et laboratoire du Département de l'information des Nations Unies*: Saw Lwin, Shraddha Howard, Ron Da Silva, Eskinder Debebe, Bill Renard

*UN photo unit, Media Division, and DPI library / Groupe de la photographie, Division des médias, et bibliothèque du Département de l'information des Nations Unies*: Joyce Rosenblum, Reynaldo Reyes, Pernacca Sudhakaran, Veena Manchanda, Valerie Havas, Stefan Andemicael, Benedicta Boateng, Christine Killingbeck

*Chief, UN Archives / Chef, Archives de l'Organisation des Nations Unies*: Marilla Guptil

*UN Archives Staff / Personnel, Archives de l'Organisation des Nations Unies*:
Neshantha Karunanayake, Lucy Mammina, Monica Placencia, Karyono Sugiarto

*Chief, Reader Services and Documentation Section, UN Library, Geneva / Chef, Section de la documentation et du service des lecteurs, Bibliothèque de l'ONU, Genève*: Nina Leneman

*Chief, League of Nations Archives / Chef, Archives de la Société des Nations*: Ursula Ruser

*UN Specialized Agencies and Programs / Institutions spécialisées et programmes de l'ONU:*
*FAO / FAO:* Giuditta Dolci Favi, Tony Loftas
*IFC-World Bank / SFI-Banque mondiale:* Michael Wishart
*ILO / OIT:* Elisabeth Poss
*ITU / UIT:* Francine Lambert
*UNDCP / PNUCID:* Melitta Borovansky
*UNDP / PNUD:* Lois Jensen, Mary Lynn Hanley
*UNHCR / HCR:* Anneliese Hollmann
*UNICEF / UNICEF:* Ellen Tolmie, Lisa Adelson
*WFP / PAM:* Paul Mitchell, Sherri Dougherty
*WHO / OMS:* Tibor Farkas

*The UN Fiftieth Anniversary Secretariat / Secrétariat du cinquantième anniversaire de l'ONU*

*Manufacturing / Production:*
*Printing / Impression:* Nuova Arti Grafiche Ricordi S.r.l., Milano-Italy
*Paper / Papier:* Ikonofix special-matt from Zanders 100% T.C.F.
*Binding / Reliure:* Legatoria Lem S.R.L., Opera (MI)-Italy
*Colour separation / Trichromie:* Fotolito Farini Srl, Milano-Italy

*Translation services provided by:* Berlitz International, Inc.—dedicated to Helping the World Communicate
*Services de traduction fournis par:* Berlitz International, Inc.—dédié à aider le monde à communiquer